# LA THÉORIE

## DE

# L'INTERVENTION D'HUMANITÉ

PAR

## Antoine ROUGIER

CHARGÉ DE COURS A LA FACULTÉ DE DROIT DE L'UNIVERSITÉ DE CAEN

EXTRAIT DE LA *REVUE GÉNÉRALE DE DROIT INTERNATIONAL PUBLIC*

PARIS

A. PEDONE, ÉDITEUR

de la " Revue générale de Droit International public "
et du " Recueil des Arbitrages Internationaux "

13, RUE SOUFFLOT, 13

1910

# LA THÉORIE

## DE

# L'INTERVENTION D'HUMANITÉ

# LA THÉORIE

## DE

# L'INTERVENTION D'HUMANITÉ

PAR

## Antoine ROUGIER

CHARGÉ DE COURS A LA FACULTÉ DE DROIT DE L'UNIVERSITÉ DE CAEN

*EXTRAIT DE LA REVUE GÉNÉRALE DE DROIT INTERNATIONAL PUBLIC*

PARIS

**A. PEDONE**, ÉDITEUR

de la " Revue générale de Droit International public "
et du " Recueil des Arbitrages Internationaux "

13, RUE SOUFFLOT, 13

1910

Cristina

# La Théorie de l'intervention d'humanité

Sommaire. — I. Ce qu'est la théorie de l'intervention d'humanité. Ses applications historiques. Difficultés juridiques qu'elle soulève.

II. Un État peut-il être soumis au contrôle de puissances tierces quant aux actes de puissance publique concernant ses seuls ressortissants accomplis par lui contrairement aux lois de l'humanité ? — 1º Théorie de l'indépendance absolue des États ; sa critique ; cette théorie reposerait sur trois postulats. — 2º Théorie du droit humain et du pouvoir-fonction : elle suppose l'existence d'une règle de droit supérieure aux législations positives, le droit humain, et considère le gouvernement qui manque à ses fonctions humaines comme partiellement déchu de son pouvoir, soumis au contrôle des États tiers.

III. Quelles sont les puissances compétentes pour intervenir auprès d'un gouvernement qui viole les lois de l'humanité ? — Théorie de l'intervention individuelle. — Théorie de l'intervention collective. Le critérium de légitimité de l'intervention ne se trouve pas dans le nombre des intervenants, mais dans les conditions de désintéressement et d'autorité qu'ils doivent réunir. L'intervention d'humanité suppose l'existence d'une hiérarchie entre les États.

IV. Quels actes peuvent justifier une intervention d'humanité et quelles sont les limites du droit d'action des États intervenants ? — Pour qu'une intervention d'humanité soit légitime, il faut que le fait qui la motive soit un fait de la puissance publique et non de simples particuliers, que ce fait viole le droit humain et que l'intervention réunisse certaines conditions d'opportunité. — Conclusion.

## I

La théorie d'après laquelle les actes de puissance publique interne accomplis par un gouvernement contrairement aux lois de l'humanité, donneraient ouverture à un droit d'intervention en faveur d'un ou de plusieurs États tiers et se trouveraient ainsi soumis à un contrôle international a pris une place assez importante en doctrine depuis un demi-siècle, encore qu'elle ait reçu peu d'applications politiques. Nous la croyons cependant peu compatible avec certaines données traditionnelles du droit international, notamment avec celles de l'indépendance et de l'égalité des États. Peut-être son développement est-il l'indice d'une évolution de la doctrine vers une conception nouvelle de la Société internationale, dans laquelle les nations, étroitement solidaires et dépendantes les unes des autres, seraient groupées sous une autorité juridictionnelle ou tout au moins sous un pouvoir hiérarchique chargé d'assurer chez toutes le respect de la justice.

.·.

Les nations civilisées, chez qui l'ordre politique repose sur le respect du droit et sur la garantie des libertés des citoyens, s'émeuvent volontiers au spectacle des actes de tyrannie et d'arbitraire que donnent au monde des gouvernements moins policés. Plus on descend dans l'échelle de la civilisation, et plus on voit chez les dépositaires du pouvoir souverain s'obscurcir cette notion fondamentale que l'autorité n'est qu'un moyen dont disposent les gouvernements pour remplir une fonction, fonction consistant à assurer les progrès d'un peuple par le moyen de l'ordre et du droit.

Chez les États qui constituent « la sphère de l'humanité barbare », suivant l'expression de Lorimer, le pouvoir suit la force des armes ; un roitelet puissant ou un chef victorieux peut opprimer ou massacrer ses « sujets » au gré de son caprice. La France s'est indignée, il y a quelque quinze ans, de ce qu'un monarque nègre érigeât des sacrifices humains en institution d'État ; elle a protesté plus récemment contre les supplices atroces qu'un Sultan du Maroc infligeait à ses adversaires politiques. Il est des excès de sauvagerie qui apparaissent intolérables à la conscience des peuples européens, formés dans le culte de la morale et du droit ; ces derniers estimeront toujours qu'ils ont non seulement le droit, mais encore le devoir d'empêcher de tels écarts, et que c'est pour eux la plus noble mission que de porter un germe de civilisation en terre barbare.

Au-dessus des États barbares proprement dits se placent les États mi-civilisés, tels que la plupart des Empires orientaux, et la Sublime Porte en particulier, qui nous offrent un type différent de désordres intérieurs. Depuis longtemps la Turquie ne peut plus être mise au rang des nations barbares. Elle possède une organisation politique, administrative et juridictionnelle déjà développée. Les droits des sujets turcs sont fixés par des lois, protégés par des tribunaux ; et, bien que les attributions politiques et religieuses du Sultan soient considérables, elles ne sont point théoriquement illimitées : leur seul caractère religieux suffirait à leur tracer des bornes. Les puissances occidentales ont reconnu officiellement à la Porte, en 1856, une civilisation suffisante pour être admise dans le concert européen, et cependant l'histoire politique de cet Empire fut pour elles un perpétuel objet de scandale. A chaque instant il leur fallut intervenir ou menacer d'intervenir tandis que se déroulait la triste série des massacres en Grèce (1826), en Syrie (1860), en Crète (1866, 1894), en Bulgarie (1876), en Arménie (1896), en Macédoine (1905). Sans doute, ces excès ne sont plus, comme dans le cas précédent, le fait — ou le crime — personnel d'un chef d'État. Ils tiennent aux mœurs de la nation, aux haines ethniques et religieuses qui en animent les différentes fractions, aux convulsions politiques qui l'agitent ; les hommes, les lieux et les temps s'en partagent la responsabilité. Mais ils témoignent tantôt de la cruauté féroce du gouvernement envers les rebelles grecs vaincus, tantôt de son incurie complice en face du conflit entre Druses et Maronites, toujours d'une impuissance à remplir ses fonctions gouvernementales, d'une anarchie politique et administrative qui auraient fait prononcer vingt fois sa déchéance par l'Europe, si des considérations d'équilibre n'avaient incité cette dernière à respecter « l'agonie de l'homme malade ».

Le même type de désordres se retrouve dans les civilisations d'Extrême-Orient ; l'Europe et le Japon durent, en 1900, intervenir les armes à la main pour contraindre la gouvernement chinois à poursuivre et disperser la secte de massacreurs que l'on appela les « Boxers ». C'est encore, sous une forme différente, l'anarchie qui constitue le fléau dominant de certains petits États, comme les Républiques nègres de Haïti et de Saint-Domingue, où la guerre civile permanente ruine les forces de la nation et fait couler le sang des citoyens, sans que les ombres de gouvernement qui se succèdent au pouvoir puissent rien tenter pour le relèvement du pays et l'accomplissement de leur mission.

Quant aux États qui s'enorgueillissent du titre de civilisés, ils ne sont pas à l'abri des défaillances. Leur civilisation est sujette à éclipses. Sous le coup des passions politiques ou religieuses, les gouvernements oublient trop souvent de remplir envers certains citoyens la mission d'ordre et de justice qui leur incombe, s'ils n'attentent pas eux-mêmes à leur vie, à leur liberté ou à leur propriété. Citer des exemples serait presque retracer l'histoire politique de l'Europe, que ce soient des exemples de révolutions comme la Terreur en France, des exemples d'insurrections comme l'écrasement des Hongrois par l'Autriche en 1848, des exemples de persécution religieuse comme les mesures de proscription légale édictées contre les Israélites par la Russie ou la Roumanie.

De tels excès de pouvoirs gouvernementaux ont toujours blessé douloureusement les peuples civilisés dans leur conscience du juste et de l'injuste. Il n'est pas besoin de rappeler ici l'immense courant d'indignation qui se manifesta en Europe à la nouvelle des massacres de Syrie ou d'Arménie, ni les critiques adressées aux diplomates et aux hommes d'État que l'on accusait de temporiser au lieu d'agir, ni l'élan spontané des individus pour essayer de suppléer à l'inaction des Cabinets. Un même sentiment confus domine et dirige tous ces emportements des masses populaires : à savoir qu'un gouvernement cesse d'être respectable lorsqu'il manque gravement à sa mission d'ordre et de paix, que la loi de légitime défense ou de résistance à l'oppression subsiste seule dans cette faillite de l'organisation politique, et que tout peuple a le droit de défendre des victimes ou de secourir des opprimés.

Or, ces courants d'opinion sont dus à la divination instinctive d'une loi fondamentale des sociétés politiques, la *loi de solidarité*, dont il appartenait au XIXᵉ siècle de dégager les conséquences juridiques.

Les États prennent aujourd'hui de plus en plus conscience qu'ils ne sont pas des êtres isolés, pleinement indépendants et libres de tout faire à l'intérieur de leurs frontières, mais qu'ils sont les membres d'une collectivité supérieure, la Société des nations (1). Leur solidarité ne s'affirme pas seulement par l'existence des liens économiques ou politiques qu'ils ont pu contracter, ni par les rapports toujours croissants de leurs nationaux entre eux ; il existe encore une dépendance nécessaire entre leurs institutions intérieures, politiques, financières ou sociales. Les mêmes devoirs essentiels incombent à tous les gouvernements envers les individus. La cause de la civilisation et du progrès forme un bloc, et l'État ou l'individu qui rétrograde vers la barbarie compromet l'évolution du bloc tout entier. Pas plus que les sociétés particulières, la Société des nations ne peut tolérer d'anarchistes dans son sein, parce qu'il n'y a point de société sans justice et sans loi. Elle a un intérêt vital à ce que tous les gouvernements des États qui la composent n'emploient leur pouvoir qu'à protéger les intérêts nationaux et à assurer le libre développement des activités individuelles dans les limites tutélaires de la loi générale. La paix véritable, a dit M. Léon Bourgeois, ne peut être réalisée que par le règne du droit. Mais, dès l'instant qu'on accepte ce principe, une conséquence apparaît nécessaire : l'idée de sanction s'impose à l'esprit. Si tous les gouvernements sont pareillement tenus de remplir certaines fonctions essentielles au développement social de l'homme, il faut que chacun d'eux soit contrôlé dans l'exercice de son activité par d'autres membres de la Société des nations, qu'il puisse être empêché au besoin de commettre contre ses ressortissants des actes criminels ou de se désintéresser complètement des objets de sa fonction. Et, pour que la loi de solidarité reçoive sa consécration juridique, il ne suffit pas que ce contrôle puisse avoir lieu en fait, il faut encore qu'il soit reconnu en droit. Un État *peut* évidemment toujours, si sa force est suffisante, en contraindre un autre à observer les

---

(1) V. à ce sujet le beau volume de M. Léon Bourgeois, *Pour la Société des nations*, ainsi que la fine analyse qu'en a donnée M. Cabouat dans la *Revue politique et parlementaire* du 10 avril 1910.

préceptes de la civilisation et de l'humanité. Mais, suivant que l'on adopte ou non le point de vue de la solidarité internationale précédemment indiqué, cet acte d'intervention apparaîtra comme l'exercice d'un droit, ou comme une simple mesure politique arbitraire, bonne ou mauvaise selon les circonstances.

La *théorie de l'intervention d'humanité* est proprement celle qui reconnaît pour un droit l'exercice du contrôle international d'un État sur les actes de souveraineté intérieure d'un autre État contraires « aux lois de l'humanité », et qui prétend en organiser juridiquement le fonctionnement. Suivant cette doctrine, chaque fois que les *droits humains* d'un peuple seraient méconnus par ses gouvernants, un ou plusieurs États pourraient intervenir au nom de la Société des nations, soit pour demander l'annulation des actes de puissance publique critiquables, soit pour empêcher à l'avenir le renouvellement de tels actes, soit pour suppléer à l'inaction du gouvernement en prenant des mesures conservatoires urgentes, et en substituant momentanément leur souveraineté à celle de l'État contrôlé.

Avant de préciser les difficultés juridiques que soulève cette théorie, disons rapidement de quand elle date et quelles applications en ont été faites aux XIX$^e$ et XX$^e$ siècles.

L'origine et le développement de l'idée d'intervention d'humanité paraissent liés dans une certaine mesure à l'histoire de la question d'Orient ; c'est au fur et à mesure des excès commis par le gouvernement turc que la diplomatie tente de cette idée de timides applications et que la doctrine se précise. Sans doute Grotius, Vattel et Puffendorff enseignent déjà que tout peuple peut légitimement recourir aux armes pour combattre la tyrannie dans un État voisin ; mais c'est une théorie vague, appuyée sur des exemples tirés de l'antiquité grecque, d'un caractère plus moral que juridique — chose naturelle d'ailleurs dans une école qui ne sépare pas le droit de son fondement éthique. Cette même philosophie humanitaire et imprécise du XVIII$^e$ siècle inspira le célèbre décret français du 9 novembre 1792 par lequel la Convention promettait « fraternité et secours à tous les peuples qui voudraient recouvrer leur liberté ».

On ne saurait davantage invoquer comme précédents les multiples interventions provoquées par les persécutions religieuses que connut l'ancien régime : protestations de la Grande-Bretagne et des Pays-Bas en faveur des Vaudois au XVII$^e$ siècle ; de la Suède en 1707 en faveur des protestants de Pologne ; de la Russie, la Suisse et l'Autriche, après 1764, en faveur des dissidents polonais, etc... L'intervention en matière de religion est chose nettement différent de l'intervention d'humanité.

Ce n'est guère qu'après l'expédition française de Syrie en 1860 que les auteurs rangent explicitement la raison d'humanité parmi les causes d'intervention légitime, et c'est à propos des événements de Bosnie-Herzégovine et de Bulgarie (1875-1877) que Rolin-Jacquemyns et Arntz donnent à cette doctrine sa formule typique. L'intervention est légitime, écrit le professeur Arntz : 1° lorsque les institutions d'un État violent les droits d'un tiers ou menacent de les violer ; 2° lorsqu'un gouvernement, *tout en agissant dans la limite de ses droits de souveraineté, viole les droits de l'humanité*, soit par des mesures contraires à l'intérêt des autres États, soit par des excès d'injustice et de cruauté qui blessent profondément nos mœurs et notre civilisation (1).

Dès 1827, cependant, les Cabinets de Londres, Paris et Saint-Pétersbourg avaient décidé de sauver la nation grecque de l'anéantissement et de faire cesser les barbaries sans nom accomplies par la Porte sous prétexte de réprimer l'insurrection hellénique (traité de Londres. 6 juillet 1827) (1). C'était bien la raison d'humanité, dans la plus large acception du mot, le souci tout ensemble de la paix de l'Europe et de sa dignité morale qui dictaient aux puissances cette intervention, expropriant la Turquie de ses prérogatives souveraines, dans l'intérêt général de l'Europe et de la civilisation. Mais la raison d'humanité n'était point considérée encore à cette époque comme une juste cause d'intervention, et le traité de Londres la mentionne timidement en dernier lieu après avoir fait ressortir les raisons d'ordre politique et personnel que les gouvernements signataires pouvaient avoir d'agir (2).

En 1860, à la suite du massacre de quelques six mille Chrétiens maronites par les Druses musulmans avec la complicité des autorités otto-

<hr>

(1) *Revue de dr. int. et de lég. comparée*, t. VIII (1876), p. 675. — La même formule se rencontre à peu près à la même époque sous la plume d'un auteur américain, Woolsey, qui écrit : « L'intervention est légitime : 1° quand un État est obligé d'y recourir dans l'intérêt de sa propre conservation ; 2° lorsqu'une situation extraordinaire est amenée par le crime d'un gouvernement contre ses sujets ». — Voyez *infra*, l'analyse des principaux auteurs qui ont adopté ou combattu la théorie en question.

(1) Rappelons seulement d'un mot dans la liste trop longue des autorités turques le carnage des Chrétiens et des prêtres à Constantinople (15 avril 1821), les massacres de Scio (mars 1822) après lesquels les massacreurs se retirèrent en emmenant 35.000 esclaves grecs, les massacres de Missolonghi en 1822 qui décidèrent lord Byron à mettre son épée au service des insurgés, et ceux de 1826.

(2) Le préambule du traité de Londres énumère les causes qui décident les Cabinets de Londres, Paris et Saint-Pétersbourg à intervenir. C'est d'abord la perte commerciale éprouvée par les nationaux des puissances signataires et par ces puissances elles-mêmes du fait de la guerre. C'est ensuite la demande de médiation adressée par les Grecs à la France et à l'Angleterre. Vient enfin le désir « d'arrêter l'effusion de sang et de prévenir les maux de tout genre que peut entraîner la prolongation d'un tel état de choses ». L'arrangement conclu par les trois signataires est réclamé, dit le texte du traité, « autant par un sentiment d'humanité que par l'intérêt du repos de l'Europe ».

manes, la diplomatie réalise une application très nette de l'idée d'intervention d'humanité, tout en en déguisant encore le véritable mobile sous une fiction par courtoisie envers le Sultan (1). L'intervention, commencée par l'envoi d'une expédition française en Syrie et continuée par l'action diplomatique des cinq puissances, constitue un contrôle des actes de souveraineté interne du Sultan puisqu'elle tend à obliger la Porte à réformer son organisation administrative (2). Elle est désintéressée, caractère essentiel de l'intervention d'humanité, et motivée seulement par un intérêt général, car les puissances déclarent qu'elles « n'entendent poursuivre dans l'exécution de leurs engagements aucun avantage territorial, aucune influence exclusive, ni aucune concession touchant le commerce de leurs sujets et qui ne pourraient être accordées aux sujets de toutes les nations » (3).

Et, bien que les puissances aient invoqué l'article 9 du traité de Paris du 30 mars 1856 pour expliquer leur action, leur droit d'intervenir ne peut pas se fonder sur ce texte, mais seulement sur le fait que le gouvernement turc avait laissé massacrer six mille de ses sujets (4).

Après que les événements de Crète (1866) (5) et de Bulgarie (1877) (6)

(1) La fiction d'une demande d'intervention par le Sultan (V. protocoles des Conférences tenues à Paris entre les plénipotentiaires d'Autriche, de France, de Grande-Bretagne, de Prusse, de Russie et de Turquie, dans G.-F. de Martens, *Nouveau recueil général de traités*, t. XVI, 2ᵉ partie, p. 638).

(2) « Les représentants des puissances, dit le protocole précité, ne peuvent s'empêcher d'exprimer le prix que leurs Cours respectives attachent à ce que, conformément aux promesses solennelles de la Porte, il soit adopté des mesures administratives sérieuses pour l'amélioration du sort des populations chrétiennes de tout rite dans l'Empire ottoman ». Lorsque l'évacuation de la Syrie fut décidée, ce fut à la condition que l'administration du Liban serait réorganisée d'après un projet de règlement élaboré par une Commission internationale.

(3) Second protocole du 3 août 1860 (*Ibid.*).

(4) Nous disons que l'article 9 du traité du 30 mars 1856 ne justifiait pas l'intervention européenne. En effet les garanties accordées aux Chrétiens d'Orient l'avaient été par un acte unilatéral du Sultan (Hatti-schérif du mois de février 1856). L'article 9 du traité de Paris constatait simplement que cet acte avait été communiqué aux puissances « qui avaient constaté la haute valeur de cette communication », mais « qu'il ne donnait pas droit aux puissances de s'immiscer entre Sa Majesté et ses sujets dans l'administration intérieure de l'Empire ». L'intervention de Syrie était donc bien une intervention d'humanité, et non pas une intervention tendant à exiger l'exécution d'une convention.

(5) Une seconde intervention d'humanité que réclamait vivement le Prince Gortschakoff aurait pu avoir lieu à la suite des troubles de Crète en 1866 si l'Europe n'avait été absorbée par des préoccupations intérieures. Le seul point à retenir de cette tentative avortée, c'est qu'après avoir mollement engagé la Porte à étudier les vœux des populations crétoises, les puissances, en octobre 1867, déclarent qu'il ne leur reste plus qu'à *dégager leur responsabilité* en abandonnant la Porte aux conséquences possibles de ses actes. Si les puissances s'estimaient responsables dans une certaine mesure des mauvais traitements infligés par la Porte aux Crétois, n'est-ce pas qu'elles croyaient avoir le droit et le devoir de les empêcher ?

(6) L'intervention dans les affaires de Bosnie-Herzégovine et de Bulgarie, commencée

ont fourni aux puissances deux nouvelles occasions de s'immiscer entre le gouvernement ottoman et ses sujets, le traité de Berlin du 13 juillet 1878 vient imposer à la Porte un contrôle permanent du concert européen sur tous ses actes d'administration intérieure ; il consacre juridiquement le droit d'intervention des gouvernements signataires toutes les fois qu'il s'agit de garantir un minimum de droits aux habitants de la Turquie d'Europe, et notamment d'assurer la liberté religieuse (art. 62). Du fait de ce traité, l'intervention d'humanité devient une base du droit public spécial qui régit les rapports de l'Europe et de la Porte. Elle reçoit une application, qu'on eût souhaité plus énergique, en 1896, dans l'affaire des massacres d'Arménie. Sans doute l'action des puissances n'eut pas tout l'effet qu'on aurait pu en espérer, la question crétoise ayant fait oublier rapidement la question arménienne, mais enfin l'injonction adressée au Sultan « de mettre fin à un état de choses inouï, qui était de nature à amener pour son Empire les conséquences les plus désastreuses » (1), aboutit tout au moins à faire cesser les massacres.

Une nouvelle intervention de l'Europe eut lieu une dizaine d'années plus tard en faveur des populations macédoniennes (2).

D'autres exemples d'intervention pour cause d'humanité peuvent aussi être cités en dehors de ceux relatifs à la question d'Orient.

En 1856, à la demande de la France et de l'Angleterre, le Congrès de Paris adressa des remontrances au Roi des Deux-Siciles à raison du nombre des arrestations politiques opérées dans son Royaume, de la cruauté du traitement infligé aux détenus et de l'insuffisance des formes juridictionnelles accompagnant la condamnation. Cette intervention — qui s'accompagna d'une rupture des relations diplomatiques avec le gouvernement des Deux-Siciles et d'une mobilisation des flottes anglaise et française — fut présentée par la diplomatie comme une exception au principe de non intervention — très en faveur alors — au nom d'un idéal supérieur de justice (3).

par la note Andrassy (30 décembre 1875) et le memorandum de Berlin (13 mai 1876) se continua par le protocole de Londres (19-31 mars 1877) et se termina par la déclaration de guerre de la Russie à la Porte, déclaration consentie par le concert européen et destinée « à mettre un terme à la déplorable situation des chrétiens sous la domination des Turcs et aux crises permanentes qu'elle provoque » (note du Prince Gortschakoff à l'ambassadeur de Russie à Londres, 18-30 mai 1877).

(1) Livre jaune, *affaires arméniennes*, Supplément, 1895-1896, p. 280.

(2) V. Rougier, *L'intervention de l'Europe dans la question de Macédoine*, dans la *Revue gén. de droit international public*, t. XIII (1906), p. 178.

(3) « On doit reconnaître, disait lord Clarendon au Congrès de Paris, qu'*aucun gouvernement n'a le droit d'intervenir dans les affaires intérieures des autres États*, mais il est des cas où l'exception à cette règle devient également un droit et un devoir. Nous ne voulons pas que la paix soit troublée, et il n'y a pas de paix sans justice ; nous devons

Les Etats-Unis soutinrent de 1895 à 1898 les Cubains révoltés contre l'Espagne et finirent par déclarer la guerre à cette dernière puissance, en partie par application du système monroïste, et en partie au nom de l'humanité, pour protéger les indigènes contre les mauvais traitements et les répressions cruelles de l'administration espagnole (1).

Des mesures d'exception prises par le gouvernement roumain contre les Israélites, et notamment un règlement leur interdisant l'accès de la propriété foncière, ont provoqué pendant la seconde moitié du XIX° siècle une série d'observations et de remontrances de la part de l'Angleterre, de l'Autriche et de la France. La dernière ingérence étrangère fut celle des États-Unis qui, bien que n'étant pas partie au traité de Berlin, invitèrent en 1902 les gouvernements signataires de cette convention à agir en faveur des Israélites roumains (2).

Les États-Unis prirent également en main le cause des Israélites russes à la suite des troubles antisémitiques survenus à Kitchineff en 1902. Leur action se limita d'ailleurs dans les bornes de la plus grande courtoisie ; le Cabinet de Washington fit savoir à Pétersbourg son intention

donc faire parvenir au Roi de Naples le vœu du Congrès pour l'amélioration de son système de gouvernement — vœu qui ne saurait rester stérile — et lui demander une amnistie en faveur des personnes qui ont été condamnées ou qui sont détenues sans jugement pour délits politiques ». — Cette ingérence provoqua une Note de protestation du gouvernement russe dans laquelle il était dit : « Vouloir obtenir du Roi de Naples des concessions quant au régime intérieur de ses États par voie comminatoire ou par des démonstrations menaçantes, c'est se substituer violemment à son autorité, c'est vouloir gouverner à sa place et proclamer sans fard le droit du fort sur le faible ». V. Lawrence sur Wheaton, *Commission sur les éléments du droit international et sur l'histoire des progrès du droit des gens*, 1869, t. II, p. 472 : Pradier-Fodéré, *Traité de droit international public européen et américain*, t. I, § 393.

(1) V. à ce sujet : Le Fur, *Chronique sur la guerre hispano-américaine*, dans la *Revue gén. de droit international public*, t. V (1898), p. 665 et suiv. et t. VI (1899) ; de Lapradelle, *Chronique sur les affaires de Cuba*, dans la *Revue du droit public et de la science politique en France et à l'étranger*, 1900, t. I, p. 74.

(2) Les mesures de rigueur prises en Roumanie contre les Juifs ont donné lieu à plusieurs interventions d'humanité. En 1867, des circulaires du gouvernement roumain interdisent aux Israélites : 1° d'être propriétaires de terres ; 2° de prendre des terres à ferme ; 3° d'exercer la profession de cabaretier ou d'aubergiste dans les communes rurales. Une intervention personnelle de Napoléon III amena la réintégration des Israélites déportés en vertu de ces circulaires. En 1868, le consul et agent général d'Autriche demanda à deux reprises la réintégration de Juifs expulsés arbitrairement, l'allocation d'indemnités aux victimes et la punition des fonctionnaires coupables ; il obtint satisfaction. Le consul de France fit entendre des protestations analogues. L'Angleterre prit en 1870 l'initiative d'un projet d'intervention collective qui fut abandonné ; elle la renouvela deux ans plus tard sans plus de succès, mais à l'occasion de ce projet les États-Unis firent savoir au gouvernement français qu'ils étaient tout disposés à s'y associer. En outre, à plusieurs reprises, les décisions du gouvernement roumain furent dénoncées et critiquées à la tribune des divers Parlements d'Europe (V. Rey, *La question israélite en Roumanie*, dans la *Revue gén. de droit international public*, t. X (1903), p. 460 et suiv.).

de transmettre une pétition des Israélites russes domiciliés aux États-Unis ; sur le refus du gouvernement impérial de recevoir ladite pétition, il n'insista pas (1).

En 1905, la Roumanie intervint pareillement par la voie diplomatique auprès de la Turquie et de la Grèce en faveur des populations Koutzovalaques. Elle adressait à la Porte une Note sous forme d'ultimatum la mettant en demeure d'attribuer la nationalité roumaine aux Koutzo-valaques, population macédonienne indigène. Elle invitait en même temps le gouvernement hellénique d'une manière pressante à intervenir afin que les bandes gréco-macédoniennes ne commissent pas d'excès sur les roumanisants parmi les Koutzo-valaques en Macédoine et que le Patriar-cat de Constantinople reconnût aux Koutzo-valaques la nationalité roumaine (2).

Enfin, au mois de septembre 1909, une Note diplomatique adressée au Sultan du Maroc par les puissances signataires de l'acte d'Algéciras invoque nettement la théorie de l'intervention d'humanité, comme un principe généralement reconnu du droit international public.Cette Note, émanée du Corps diplomatique de Tanger, demande au Sultan « d'abolir dans son empire les tortures, c'est-à-dire toutes les peines corporelles susceptibles de produire des mutilations ou la mort lente, et d'*observer à l'avenir les lois de l'humanité* ». Le Sultan y répondit par une promesse solennelle « d'observer à l'avenir les lois de l'humanité », promesse qu'il oublia d'ailleurs d'exécuter (3).

A quels résultats pratiques aboutirent ces essais d'application de la théorie qui nous occupe ? Il faut convenir que, en dehors des cas relatifs à la question d'Orient, ces résultats furent médiocres. Les démarches américaines en faveur des Israélites n'eurent aucun succès à Péters-bourg ni à Bucarest. L'insistance de la Roumanie à défendre les Koutzo-valaques fit naître entre cette puissance et la Grèce un conflit diploma-tique, comme en avait déjà provoqué autrefois l'intervention franco-anglaise auprès du Roi des Deux-Siciles. Le Sultan du Maroc lui-même ne parut accepter les observations de l'Europe que pour se donner ensuite le plaisir de les railler. Toujours l'idée d'une intervention d'hu-manité souleva de la part des gouvernements intéressés les protesta-tions les plus vives. Sans doute ces protestations n'ont qu'une valeur

---

(1) V. la *Revue gén. de droit international public*, t. XI (1904), p. 88.

(2) V.Lévidis,*Le droit d'intervention des grandes puissances à propos du conflit gréco-roumain*, dans cette même *Revue*, t. XIII (1906), p. 582 ; Skiadaressi. *Chronique, Ibid.*, t. XIII (1906), p. 324 ; Kebedgy, *Le conflit gréco-roumain*, dans la *Revue de droit intern. et de lég. comparée*, 2ᵉ série, t. VII (1905), p. 670 et t. VIII (1906), p. 309.

(3) V. Rougier dans la *Revue gén. de droit international public*, t. XVII (1910), p. 98.

relative ; car tout gouvernement qui s'est exposé par sa propre faute à une ingérence étrangère ne manque jamais d'invoquer la règle de non intervention et de s'élever fortement contre la violence qui lui est faite. Cependant il faut reconnaître que la raison d'humanité est la plus délicate des causes justificatives du droit d'intervention qu'on puisse admettre, et qu'elle soulève des difficultés juridiques particulières quant au fondement et quant à l'étendue de ce droit.

Elle soulève, disons-nous, des difficultés spéciales quant au fondement du droit. Le droit d'intervention est très généralement présenté par la doctrine comme une conséquence du droit des États de veiller à leur propre conservation. Elle suppose donc chez celui qui en fait usage un intérêt direct et personnel à intervenir, et n'apparaît comme légitime que pour poursuivre le redressement d'un droit violé ou la réparation d'un préjudice subi. On explique ainsi qu'un État puisse intervenir pour faire cesser chez son voisin des armements trop menaçants, pour protéger ses nationaux et défendre au besoin leurs intérêts financiers, pour soutenir les prérogatives de ses ambassadeurs, pour obtenir l'exécution des clauses d'un traité, etc... Dans toutes ces hypothèses l'intervention apparaît comme un véritable droit d'action international.

Au contraire l'intervention d'humanité est par hypothèse désintéressée et ne suppose chez l'intervenant aucun préjudice direct et personnel. Fondée sur le respect des lois de l'humanité, l'action est ouverte à tous ceux qui se croient qualifiés pour parler au nom de celles-ci à la façon d'une *actio popularis*.

Pour affirmer sa légitimité, il faut donc préalablement démontrer l'existence des « lois de l'humanité » en tant que préceptes juridiques, et les préciser ; il convient de prouver que ce ne sont pas de simples principes philosophiques et moraux insusceptibles d'être érigés en règle de droit. Car si l'État intervenant n'agit pas en vertu d'un droit personnel, il ne peut agir qu'au nom d'une règle juridique générale et impérative dominant les droits individuels de tous les États et s'imposant à leur respect. Cette règle existe-t-elle ? Aussi longtemps que la démonstration n'en sera pas apportée, l'intervention d'humanité devra être considérée non comme un droit, mais comme un fait. Les puissances qui s'érigeront en représentants de l'humanité apparaîtront comme rompant à leur profit, arbitrairement, l'égalité entre les États, car on ne peut faire échec à la règle juridique de l'indépendance des États qu'au nom d'une autre règle juridique.

Ainsi le problème de l'intervention d'humanité se ramène à un problème plus général et plus vaste. Il s'agit en définitive de savoir s'il existe une règle de droit impérative, générale, obligatoire pour tout État aussi bien que pour tout individu, supérieure aux législations nationales aussi bien qu'aux conventions internationales et qui constituerait le droit commun de l'humanité. L'existence de cette règle étant supposée démontrée, il y aurait encore lieu de se demander à qui il appartient de la faire respecter, quelles sont les puissances qui ont le droit d'agir comme ministère public au nom de l'humanité.

L'intervention d'humanité soulève également des difficultés spéciales quant à l'étendue du droit d'intervention. Toutes les fois qu'un État s'immisce dans les affaires d'un autre État en vertu du droit de conservation, son contrôle ne saurait s'exercer que sur les manifestations de souveraineté qui lui sont préjudiciables. Il peut demander par exemple l'abrogation d'une mesure faisant grief à ses nationaux, mais il ne saurait intervenir dans les rapports de l'État avec ses propres sujets parce que ces rapports ne lui peuvent causer aucun dommage.

Ainsi se trouve séparé le domaine dans lequel les États sont interdépendants les uns des autres du domaine où ils demeurent pleinement indépendants ; ce dernier comprendrait notamment l'organisation politique et administrative de l'Etat.

La théorie de l'intervention d'humanité emporte des conséquences singulièrement plus graves, puisqu'elle permet aux puissances tierces d'étendre leur contrôle même sur ce domaine réservé, en s'immisçant entre l'État et ses sujets ; en adoptant ce point de vue il semble qu'il ne soit plus un acte de puissance publique pour l'accomplissement duquel un État puisse encore se dire indépendant.

Existera-t-il un critérium permettant de faire le départ entre les actes de souveraineté susceptibles de contrôle et ceux qui ne le sont pas ? S'il est légitime d'intervenir lorsqu'un État frappe d'une loi d'exception certains citoyens, pourquoi ne le serait-il pas toutes les fois qu'un agent administratif commet un excès de pouvoirs ou qu'un tribunal omet une formalité de procédure ? Il faut cependant qu'un critérium soit posé, car la sphère d'indépendance d'un État ne saurait disparaître complètement sans que disparaisse aussi la personnalité juridique de l'État; le contrôle d'humanité n'atteindrait aucun des actes de puissance publique d'un gouvernement si on voulait qu'il pût les atteindre tous, et la théorie se révélerait complètement inapplicable.

L'examen de ces difficultés juridiques spéciales à la théorie de l'intervention d'humanité fera l'objet de notre étude, suivant l'ordre dans lequel elles se présentent. Nous examinerons donc successivement trois questions.

1° Un Etat peut-il être soumis au contrôle juridique de tierces puissances quant aux actes de puissance publique accomplis par lui et concernant ses seuls ressortissants lorsqu'ils sont contraires aux lois de l'humanité ?

2° Quelles sont les puissances compétentes pour intervenir auprès d'un gouvernement qui viole les lois de l'humanité ?

3° Quels actes peuvent justifier une intervention d'humanité et quelles sont les limites du droit d'action des États intervenants ?


## II

Un État peut-il être soumis au contrôle juridique de tierces puissances quant aux actes de puissance publique accomplis par lui et concernant ses seuls ressortissants lorsqu'ils sont contraires aux lois de l'humanité ?

Sur cette question la doctrine se divise entre deux théories. La première affirme le principe d'indépendance des États quant à leurs actes de souveraineté interne et nie que les règles d'humanité aient la valeur d'un précepte juridique permettant de faire brèche à cette indépendance. La seconde tient pour un postulat l'existence de ce soi-disant principe d'indépendance, et reconnait l'existence d'un *droit humain*, règle impérative et générale supérieure aux législations nationales comme aux conventions internationales, dont le respect serait assuré par un droit de contrôle réciproque des États entre eux.

A. *Théorie de l'indépendance des États.* — Une école née en Italie à la suite d'une réaction contre les excès politiques de la Sainte Alliance, a érigé à la hauteur d'un principe fondamental et absolu du droit des gens l'idée que les États sont indépendants, pour en déduire comme un corollaire la règle dite de non intervention.

Le principe d'indépendance découle naturellement de ce que les États sont égaux et n'ont pas de supérieur commun. Il ressemble à ce qu'est le principe de liberté pour l'individu, mais avec un degré d'étendue plus considérable, puisque la liberté de l'individu est réglementée et restreinte par la loi, tandis qu'il n'existe pas de législateur placé au-dessus des États.

Cette notion de l'indépendance de l'État, ainsi que l'a judicieusement remarqué M. Pillet (1), parait être un dernier vestige de l'ancienne théorie du pouvoir purement territorial de l'État. Souverain sur son territoire, l'État est maître d'y faire ce que bon lui semble sans qu'un État étranger se puisse immiscer dans sa conduite. Son indépendance ne peut

(1) Pillet, *Les droits fondamentaux des États*, dans la *Revue gén. de droit intern. public*, t. V (1898), p. 73.

cependant être absolue ; le principe doit recevoir un tempérament inévitable. Dans la conduite de ses affaires extérieures, l'État se heurte au droit égal et contraire des autres États ; les liens contractuels ou délictuels nés du commerce international seront donc une limite nécessaire à sa liberté. Mais, dans la conduite de ses affaires intérieures, l'indépendance demeure absolue. La règle, c'est que les puissances tierces n'ont pas le droit d'intervenir dans son organisation politique ni dans son administration : c'est la règle de non-intervention. Et si, de l'avis des non-interventionnistes les plus convaincus, cette règle subit parfois quelques dérogations, les exceptions devront toujours être interprétées restrictivement. En cas de doute sur l'étendue des obligations d'un État à l'égard d'un autre, ce doute doit être résolu par la présomption que l'État est indépendant.

De ce principe il suffit de tirer les conséquences logiques pour montrer que l'intervention d'humanité serait une dérogation à la règle, impossible à justifier. Aussi bien tous les partisans de l'indépendance absolue des États la rejettent-ils avec ensemble.

En vertu de son indépendance l'État a le droit de se donner le gouvernement qui lui plaît ; il est seul compétent pour régler son organisation constitutionnelle et le fonctionnement de ses services publics. Cette détermination étant un effet de la volonté libre de la nation, le gouvernement établi sera réputé légitime vis-à-vis des États tiers par ce seul fait qu'il détient le pouvoir et sera considéré comme l'interprète de la volonté nationale. Sa forme importe peu : un tyran représentera la nation aussi bien qu'un gouvernement parlementaire (1). C'est un axiome du droit des gens que les États ne peuvent connaître du droit public interne les uns des autres. Nation et gouvernement forment un bloc dans les relations internationales, et les rapports d'État à État ne sont en réalité que des rapports de gouvernement à gouvernement. Les décisions du gouvernement sont tenues pour être les décisions de l'État lui-même : elles bénéficient de la présomption d'indépendance qui s'attache à tous les actes de l'État et sont couvertes par la règle de non-intervention aussi longtemps qu'elles ne violent pas les droits des autres États. Qu'un gouvernement fasse massacrer tous les étrangers habitant sur son territoire,

(1) « Quelle que puisse être l'opinion que les gouvernements étrangers se forment de la conduite d'un Souverain envers ses sujets, ce Souverain ne saurait se maintenir au pouvoir sans la coopération d'une partie de ses sujets et le consentement de la grande majorité du reste de la nation. Ce consentement peut à la vérité être arraché par la peur, mais il peut être aussi le résultat d'une approbation tacite de ce que les autres gouvernements désapprouvent. Une nation même arriérée est seule compétente pour régler son organisation politique, civile et religieuse » (Pradier-Fodéré, *Traité de droit international public européen et américain*, t. 1, § 392).

il viole les droits d'autres États et il s'expose à une intervention des intéressés pour obtenir au moins la cessation des massacres. Qu'il en fasse autant de ses propres ressortissants, il ne viole les droits d'aucun État étranger, et peut agir en toute liberté sans avoir à répondre envers qui que ce soit de son action. Là où il n'y a pas d'intérêt, il ne saurait y avoir d'action, affirme toute l'école non-interventionniste. Chaque État peut user de sa liberté comme il lui plaît, soit pour le bien, soit pour le mal, aussi longtemps qu'il ne touche pas à la liberté d'autrui (1).

Pour que la liberté de décision de l'État sur son territoire cessât d'être absolue, il faudrait qu'une règle supérieure s'imposât à lui comme s'impose la loi aux citoyens. Mais cette règle ne saurait exister, puisque les États sont par hypothèse égaux entre eux et sans supérieur commun. Les règles du droit international public ne concernent et ne limitent que

(1) « En général, dit Kant, le mauvais exemple donné par une personne libre aux autres ne constitue pas pour elle une lésion. On ne saurait donc intervenir pour ce seul motif sans donner soi-même l'exemple du scandale qu'on veut éviter et sans mettre en péril l'autonomie de tous les États ». *Essai philosophique sur la paix perpétuelle*, sous l'article V. — Le chef de l'école italienne, Mamiani, cité par Carnazza-Amari (*Traité de droit international public*, t.I, p.357), reprend la même idée que répéteront à leur tour tous ses disciples : « Les actions et les crimes d'un peuple dans les limites de son territoire ne lèsent pas les droits d'autrui et ne donnent pas matière à une intervention légitime. En vérité, à quel droit positif des autres peuples porte-t-on atteinte ? Avez-vous jamais entendu affirmer que le droit exige qu'on n'ait sous les yeux que des bons exemples, que des exemples de vertu et qu'on ne vive que parmi des citoyens dont la demeure ne soit jamais le théâtre d'aucun excès et qui professent toutes les opinions fondées sur la vérité et la vertu ? » — Dans le même sens, il faut citer Pradier-Fodéré (*op. cit.*, t. I, p. 663) : « Cette intervention est illégitime parce qu'elle constitue une atteinte à l'indépendance des États, parce que les puissances qui ne sont pas lésées directement, immédiatement, par ces actes inhumains ne sont pas fondées à intervenir. Si les actes inhumains sont perpétrés sur des nationaux du pays où ils se commettent, les puissances sont complètement désintéressées. Les actes d'inhumanité, quelque condamnables qu'ils soient, tant qu'ils ne portent aucune atteinte ni aucune menace aux droits des autres États, ne donnent à ces derniers aucun droit d'intervention, car nul État ne peut s'ériger en juge de la conduite des autres. Tant qu'ils ne lèsent pas les droits des autres puissances et de leurs ressortissants, ils sont l'affaire des seuls nationaux des pays où ils sont commis. » — On doit encore signaler : Carnazza Amari (*Nouvel exposé du principe de non-intervention*, dans la *Revue de droit international et de législation comparée*, t. V (1873), p. 352 et 531 et *Droit international*, 1880, sect. II, ch. VI, t. I, p. 555) ; — de Flœkher, qui est interventionniste, mais exige que l'intervention soit fondée sur une *juste cause* et qui ne trouve pas cette juste cause dans les questions d'humanité parce qu'elles n'intéressent pas les tiers (*De l'intervention en droit international*, p. 36) ; — Geffcken, note sur Heffter (*Le droit international de l'Europe*, § 45, note 3) ; — Phillimore, qui ne considère les motifs d'humanité que comme une cause accessoire d'intervention (*Commentaries upon international law*, t. I, p. 441) ; — Piédelièvre, *Précis de droit international public*, t. I, p. 271 ; — Despagnet-de Boeck (*Cours de droit international public*, 4e édit., p. 255) ; — F. de Martens (*Traité de droit international*, § 76), qui admet le droit d'intervention pour cause d'humanité vis-à-vis seulement des nations barbares ; — Fiore, qui est cependant un non-interventionniste, admet par une contradiction bizarre l'intervention d'humanité, ainsi que nous le verrons plus loin.

les manifestations de souveraineté externe et ne peuvent atteindre les manifestations de souveraineté interne qui relèvent uniquement du droit public particulier de l'État et de la conscience de ses gouvernants. Le principe d'humanité est un principe moral, religieux ou philosophique qui ne saurait faire échec à la règle juridique de l'indépendance des États. Admettre le contraire serait ébranler l'idée même d'un droit international et, comme le dit Vattel, « ouvrir la porte à toutes les fureurs de l'enthousiasme et du fanatisme en fournissant aux ambitieux des prétextes sans nombre » (1). En un mot, la liberté des États quant aux actes de puissance publique concernant leurs ressortissants est absolue au point de vue international, puisqu'elle n'est limitée ni par les droits individuels, subjectifs, des autres États, ni par une règle de droit supérieure et objective. Intervenir sous prétexte de défendre une nation contre son gouvernement, c'est attenter à l'indépendance de cette nation arbitrairement (2).

Telle est la théorie non interventionniste. Si son exactitude était démontrée, le caractère profondément égoïste et matériel de cette doctrine ferait désespérer des progrès possibles du droit des gens. Ce serait une vérité douloureuse s'il fallait admettre qu'un fossé infranchissable sépare pour toujours le droit international de la morale et de la justice, que le droit protège seulement les relations d'intérêt entre les peuples, et qu'en dehors de ce domaine la liberté d'agir reste entière pour l'État, sans distinguer si son action est bonne ou mauvaise, favorable ou nuisible aux citoyens, humaine ou criminelle. Ce serait surtout un étrange oubli

---

(1) Vattel, *Droit des gens*, liv. II, ch. I, § 7.

(2) Quelques partisans de l'indépendance absolue des États reconnaissent que, devant certains abus gouvernementaux, il est impossible que les États tiers restent inactifs. Mais ils conseillent alors, pour ne pas violer « les principes », de recourir aux moyens détournés. Voici par exemple ce que dit M. Despagnet (4ᵉ édit. par de Boeck, nᵒ 200, p. 258) : « L'intervention contre un gouvernement qui, dans l'exercice de sa souveraineté interne, viole les lois de l'humanité ne peut pas être non plus admise sous peine de donner lieu à tous les abus, et, sous prétexte de sauvegarder les intérêts des populations, de ruiner complètement le respect de la souveraineté des États. Un gouvernement peut par exemple interdire l'esclavage et paralyser le trafic des esclaves dans tout le domaine qui relève de son autorité. Il ne peut en imposer la suppression aux autres États sur leur territoire. Il va sans dire d'ailleurs que, en fait, on trouve presque toujours dans les attaques des gouvernements barbares, telles que les agressions contre les nationaux, les violations de frontières ou les outrages aux représentants, un motif suffisant pour leur déclarer la guerre et aboutir après la paix à une modification de leur conduite vis-à-vis de leurs propres sujets ». — Nous objecterons à ce système que la diminution de l'emploi de la violence caractérise les progrès du droit international, et qu'il y aurait progrès certains si la doctrine mettait à la disposition des États un droit d'intervention, réglé au besoin par des conventions internationales, pour atteindre un but légitime, plutôt que de les astreindre à recourir au moyen extrême de la guerre et de chercher dans ce but des prétextes plus ou moins valables.

de cette vérité que l'État est fait pour les individus et non les individus pour l'État.

Sans doute la personnification de l'État est un procédé commode de technique juridique pour symboliser l'existence politique d'une nation et pour étudier sa vie juridique de relation. Mais il ne faut pas pousser ce symbole jusqu'à la fiction en faisant de l'État un être immatériel, ayant des droits et des intérêts distincts de ceux de la nation et jouissant de prérogatives étendues pour poursuivre ses fins personnelles. L'État n'a d'autres droits que ceux nécessaires à l'accomplissement de ses fonctions : comment donc admettre qu'il jouisse d'un prétendu droit d'indépendance, lui permettant de manquer à sa fonction de justice envers ses sujets ? Le « principe d'indépendance » apparaît comme une affirmation non démontrée, c'est-à-dire un postulat. Nous ferons la même critique de deux autres « principes » sur lesquels s'appuie l'école non interventionniste : la distinction de la souveraineté interne et de la souveraineté externe ; l'identification de la volonté des gouvernants avec la volonté de la nation.

Premier postulat : *L'affirmation de l'indépendance de l'État en tant que principe a priori.* — Que le principe de l'indépendance des États soit un postulat, c'est chose que M. Pillet a très bien mise en lumière, et nous ne pourrions rien ajouter d'utile à la démonstration faite par lui de cette vérité (1). Il importe toutefois de préciser le sens des mots. Proclamer que ce soi-disant principe est un postulat ne signifie pas qu'on dénie à l'État toute espèce d'indépendance, mais seulement qu'on refuse d'admettre l'indépendance comme une présomption *juris et de jure*, applicable dans tous les conflits internationaux jusqu'à preuve du contraire. Des manifestations multiples de la souveraineté de l'État, les unes peuvent être soumises au contrôle des États tiers, d'autres doivent lui échapper. C'est au jurisconsulte qu'il appartient de déterminer par l'analyse dans quel domaine l'État est interdépendant, et dans quel domaine indépendant. Mais c'est, semble-t-il, une mauvaise méthode que d'affirmer *a priori* l'indépendance de l'État pour présenter toutes les hypothèses de dépendance juridique comme des exceptions à la règle devant être restrictivement interprétées. Si l'étude des faits révèle que l'indépendance est limitée, il vaut mieux ne plus parler d'un principe naturel d'indépendance ; sinon la doctrine risque de tomber dans une confusion fâcheuse en prenant ce mot tantôt dans un sens absolu, tantôt dans un sens relatif.

Aussi bien quelle serait la raison d'être de ce principe ? Il ne suffit pas

(1) *Les droits fondamentaux des États*, dans la *Revue gén. de droit international public*, t. V (1898), p. 73 et suiv.

pour l'expliquer d'assimiler l'indépendance à la liberté individuelle, car l'État n'est pas comparable à l'homme. L'homme est nécessairement libre parce qu'il est un être moral, doué d'initiative et de spontanéité, poursuivant des fins personnelles ; l'État n'est qu'un mécanisme destiné à assurer aux individus les meilleures conditions possibles de vie sociale. Dira-t-on que les États sont indépendants parce que leurs souverainetés sont purement territoriales et ne sauraient entrer en conflit ? C'est une très ancienne théorie que l'observation des faits a ruinée. Dira-t-on que les États sont indépendants parce qu'il n'existe pas de loi internationale supérieure à leurs conventions particulières ? Mais c'est précisément là le point controversé. Si l'existence d'un droit humain est démontrée en tant que règle générale, impérative et objective, la liberté de l'État se trouve nécessairement conditionnée par cette règle, et le raisonnement au nom duquel Kant et Mamiani repoussent l'intervention d'humanité s'écroule. Cela paraît une pétition de principe certaine de considérer que l'acte inhumain commis à l'intérieur des frontières ne peut pas préjudicier aux tierces puissances parce que l'État est indépendant, et d'invoquer la maxime : « pas d'intérêt, pas d'action ». La vérité est que rien de ce qui touche aux intérêts humains n'est indifférent à l'ordre international. Les États tiers ont un intérêt certain à réprimer ou empêcher chez l'un d'eux les violations de la loi générale à laquelle tous sont soumis. Or s'ils ont un intérêt, ils peuvent légitimement intervenir et l'État contrôlé ne saurait être considéré comme indépendant.

Deuxième postulat : *La distinction entre la souveraineté interne et la souveraineté externe.* — Les adversaires de l'intervention d'humanité nous réservent une objection. Le domaine du droit international, disent-ils, ne comprend que les manifestations de la souveraineté externe de l'État ; les manifestations de la souveraineté interne relèvent du seul droit public national et leur appréciation échappe à la compétence des États tiers. En admettant même que la théorie de l'intervention d'humanité ne puisse être repoussée au nom de l'indépendance de l'État, elle se heurtera toujours à une exception tirée de la nature des actes inhumains. Ces actes, qui ne concernent que les ressortissants de l'État, sont des manifestations de souveraineté interne ; donc les puissances tierces ne sauraient les contrôler.

Cette distinction profonde et classique entre la souveraineté externe et la souveraineté interne n'est-elle pas susceptible de quelques critiques ? Existe-t-il deux souverainetés ? Un État peut-il être mi-souverain, c'est-à-dire perdre sa souveraineté externe tout en conservant l'interne ? Il semble bien difficile de ne pas admettre que la souveraineté de l'État soit une, et ceci quelle que soit la théorie adoptée pour en expliquer l'origine. La souveraineté a toujours pour support la même réalité juridique, la volonté de la nation. Elle a toujours pour organe le gouvernement ou le Souverain qui dispose de la puissance publique avec ou sans le contrôle du pouvoir législatif. La nature intime de cette puissance publique reste toujours la même. Seul varie le milieu sur lequel s'exerce la souveraineté, et par voie de conséquence les caractères de son action. Dans le domaine international, l'État entre en rapport avec des personnes juridiques semblables et égales à lui. Dans le domaine national, il entre en rapport avec des personnalités différentes de lui et inférieures en capacité. Les relations qui en résultent sont des relations d'égalité dans le premier cas, des relations de subordination et de commandement dans le second ; sous ce dernier aspect, la souveraineté s'appelle plus spécialement la puissance publique.

Si la souveraineté interne et la souveraineté externe ne sont que deux aspects d'un même pouvoir de décision, il faudrait en conclure que l'une ne peut pas disparaître tandis que l'autre reste complètement intacte, et que tout contrôle, toute domination d'un État sur un autre atteint la souveraineté dans ses deux manifestations à la fois. En d'autres termes, les actes de souveraineté interne seraient parfaitement susceptibles d'être soumis à un contrôle international, et l'objection formulée contre la théorie d'intervention d'humanité tomberait ainsi d'elle-même.

Or, c'est précisément ce que démontre l'observation des faits. Le protectorat, la vassalité, les démembrements déguisés de souveraineté (cession à bail, délégation, etc...), les servitudes internationales sont des modes de contrôle international qui atteignent un État dans ses fonctions législative, administrative et juridictionnelle aussi bien que dans son droit de légation, son droit de traiter ou son droit de guerre. L'État contrôlé subit toujours plus ou moins l'ingérence militaire, administrative et financière de celui qui le tient en tutelle, que ce dernier soit appelé son protecteur, son suzerain ou autrement encore. Ainsi le gouvernement français contrôle le Bey de Tunis. Ainsi les États-Unis contrôlent l'illusoire République de Panama.

Le contrôle de la souveraineté interne peut exister en dehors d'un lien de dépendance politique proprement dit. C'est le cas des États à finances avariées. C'est le cas de l'Empire ottoman, qui nous intéresse particulièrement, puisque la tutelle à laquelle il est soumis — tutelle que le traité de Berlin a consacrée, mais non pas créée, — permet à l'Europe de surveiller l'humanité de son système d'administration.

Enfin, le contrôle peut résulter, comme celui de l'Angleterre sur l'Egypte, d'une pure situation de fait, mais nous préférons, pour la clarté de la discussion, négliger cette hypothèse particulièrement délicate.

Pourquoi donc la doctrine tiendrait-elle pour légitimes certains contrôles permanents et réguliers de la législation, de l'administration, de la juridiction d'un État par d'autres États et condamnerait-elle l'intervention d'humanité qui n'est qu'un contrôle accidentel et momentané de ces mêmes fonctions? C'est, dit-on, parce que les premiers ont été consentis par l'État contrôlé lui-même. Les situations internationales qui consacrent la dépendance d'un État vis-à-vis d'un autre sont la conséquence d'un traité, et la *capitis minutio* qui en résulte pour un des contractants est le résultat de sa libre volonté; la souveraineté prouve son existence par l'acte même de son abdication. Ces situations contractuelles restent ainsi très différentes de celle qu'entrainerait l'intervention d'humanité, car cette intervention serait imposée par la force et blesserait l'indépendance de l'État.

L'argument ne nous paraît pas décisif. On peut y répondre que si le contrôle de la souveraineté interne est légitime lorsqu'il résulte d'une convention entre deux États, il sera *à fortiori* légitime s'il est exercé au nom d'une loi supérieure obligatoire pour les États, d'un droit humain. En outre, on peut se demander ce que représente en réalité le soi-disant consentement d'un État, obligé par la contrainte diplomatique ou par la force des armes à signer sa propre déchéance? Ne constitue-t-il pas une fiction? N'est-ce pas se payer de mots que d'accepter encore la vieille formule du formalisme romain : *coactus volui, sed tamen volui*? La vérité n'est-elle pas plutôt que la dépendance des États les uns envers les autres est susceptible de degrés nombreux et de nuances délicates par lesquelles on passe insensiblement du fait au droit? De tous les modes possibles de contrôler la souveraineté d'un État, et de marquer sa subordination politique, l'intervention d'humanité serait précisément le plus léger et le plus aisé à justifier juridiquement.

Troisième postulat : *L'assimilation de la volonté des gouvernants à la volonté de la nation.* — S'immiscer entre un peuple et son gouvernement, dit encore l'école non interventionniste, c'est attenter à la souveraineté du peuple représenté par ce gouvernement qu'il a librement choisi, et qu'il est seul compétent pour contrôler, ou pour changer au besoin. Comme les précédentes cette troisième objection parait reposer sur une idée traditionnelle, mais contestable.

C'est assurément une fiction commode pour les rapports qu'entretiennent les États de considérer la volonté du gouvernement comme l'expression de la volonté nationale, et de tenir pour légitime tout acte de souveraineté interne émané d'un gouvernement régulier. Cela répond à la réalité des faits dans la très grande majorité des cas et introduit dans les relations internationales une simplicité fort appréciable. Mais il y a, chez tous les peuples, des heures de crise dans le fonctionnement du mécanisme politique où la volonté du gouvernement se révèle nettement contraire à la volonté de la nation et où ce conflit menace d'avoir des répercussions internationales. C'est le cas d'une révolution dirigée contre le gouvernement au pouvoir. C'est le cas d'une guerre civile qui met en conflit les prétentions d'un gouvernement de fait avec l'autorité d'un gouvernement de droit. C'est le cas où le Souverain transformé en tyran tourne son autorité contre ses sujets et où les victimes appellent l'étranger au secours.

Dans ces différentes hypothèses, la fiction courante ne peut plus, même pour les Etats tiers, rendre compte exactement des faits. La vérité qui se manifeste, c'est qu'il existe dans toute nation deux éléments, les gouvernants et les gouvernés. Les gouvernants ont pour devoir d'agir conformément aux intérêts généraux de la nation suivant des règles de droit ; dans l'accomplissement de cette mission pour laquelle la puissance publique est à leur disposition, ils représentent véritablement la nation. Mais ils cessent de la représenter lorsqu'ils manquent à accomplir leurs fonctions, détournent de son but l'application de la puissance publique, et manifestent une volonté propre contraire à celle de la nation. Lorsque cet état de choses est avéré, les États tiers n'attentent pas à la souveraineté de la nation en contraignant par une intervention les gouvernants à revenir à la légalité ; ils secondent bien plutôt la volonté du peuple dans son effort pour corriger un rouage gouvernemental défectueux. Il paraît difficile de soutenir sans fiction que les puissances ont attenté à la volonté des populations de la Turquie d'Europe en empêchant leur massacre, ou à celle des sujets marocains en s'efforçant de leur éviter des supplices.

Le droit public interne admet que les gouvernants sont soumis au contrôle des gouvernés ; — ce contrôle constitutionnel est plus ou moins parfait selon l'État envisagé ; mais son existence même est un fait d'ordre général. — Peut-on concevoir que l'exercice de la puissance publique apparaisse limité lorsqu'on le considère du territoire même de l'État et comme illimité lorsqu'on le considère du territoire d'un État voisin ? Existe-t-il une telle cloison étanche entre le domaine constitutionnel et le domaine international ? Il est permis d'en douter. La dernière ressource d'un peuple contre l'arbitraire est le droit de résistance à l'oppression, forme de la légitime défense. Or la défense est aussi légitime pour protéger un autre individu que soi-même, et cette règle peut s'appliquer aux peuples victimes d'une oppression. Si un gouvernement qui transgresse son devoir envers ses sujets doit être considéré comme encourant une déchéance, n'est-il pas plus logique de le considérer comme déchu *erga omnes* que d'admettre qu'il continue de représenter vis-à-vis des autres États la volonté de la nation ?

B. *Théorie du droit humain et du pouvoir-fonction.* — A la doctrine négative de l'intervention d'humanité s'oppose un groupe de théories qui reconnaissent aux États le droit de mettre leur autorité au service de la justice et d'empêcher ou de réprimer certains abus chez les États voisins. Ces théories s'inspirent de considérations souvent différentes suivant les tendances religieuses, philosophiques ou sociales de leurs auteurs. Parfois elles se réduisent à de simples affirmations. Mais, en dépit de ces divergences de forme, toutes reposent sur trois idées essentielles qui permettent de les synthétiser en une seule et même doctrine que nous appellerons la théorie du droit humain et du pouvoir-fonction.

Cette théorie affirme l'existence d'une règle de droit générale s'imposant aux gouvernants comme aux gouvernés, supérieure au droit national et international qui n'en sont que des expressions particulières. Elle place sous la protection de cette règle les prérogatives essentielles de l'individu, ce qu'on appelle les *droits de l'homme*. Elle considère le pouvoir des gouvernants comme la contre-partie d'une fonction qu'ils ont à remplir, et conclut que le gouvernement qui manque à ses fonctions, partiellement déchu de son pouvoir, peut subir le contrôle d'un État étranger.

Existence d'une règle de droit, contenu de cette règle de droit, sanction de cette règle de droit, voilà les trois points caractéristiques de la théorie du droit humain et du pouvoir-fonction.

1° *Existence d'une règle de droit.* — La plus ancienne conception d'une règle supérieure à toutes les législations positives est celle du *droit naturel*, particulièrement en faveur aux XVIIe et XVIIIe siècles. Que l'on considère le droit naturel comme le produit d'un enseignement divin, ou comme le résultat d'une révélation de la raison humaine, il apparaît toujours sous le caractère d'une législation idéale de qui les lois positives tiennent leur autorité et dont les Rois mêmes ne peuvent s'écarter sans devenir des tyrans. Rien ne cadre mieux avec cette conception que l'idée d'intervention d'humanité. C'est en son nom que Grotius et Vattel reconnaissent à un Souverain la faculté de prendre les armes pour châtier les nations qui se rendent coupables de fautes énormes contre la loi naturelle, ou réciproquement qu'ils approuvent une puissance de prêter appui à un peuple opprimé pour le défendre d'un tyran. Toute l'école

« du droit de la nature et des gens » suit la même doctrine (1); et la croyance au droit naturel est si forte que des disciples mêmes de l'école non interventionniste font exception à leurs principes pour admettre comme légitime l'intervention d'humanité (2).

Mais la notion de droit naturel, beaucoup plus morale que juridique, ne permettait pas d'arriver à une précision suffisante dans la détermination des actes que permettait ou prohibait cette règle suprême. Il fallait, en fait, ou bien confondre les prescriptions du droit naturel avec les prescriptions religieuses, ou bien les considérer comme purement morales et en laisser la détermination à la conscience individuelle : dans l'un ni dans l'autre cas, elles n'avaient point le caractère de règle juridique, et ainsi le droit naturel apparaissait comme un idéal à offrir au législateur plutôt que comme une règle de droit véritable.

A la conception du droit naturel succéda la conception plus juridique du *droit humain*, formulée par Arntz et Rolin-Jaequemyns, précisée par M. Pillet (3). Le droit humain n'est pas simplement un ensemble de pré-

(1) V. en ce sens : Grotius qui déclare que « lorsqu'un Busiris, un Phalaris, un Diomède de Thrace maltraitent leurs sujets de manière à être condamnés par toute personne équitable, ces sujets opprimés ne sont pas exclus de la protection des lois de la société humaine » (*Droit de la guerre et de la paix*, t. II, tit. 20, § 40 ; tit. 25, § 8 ;— Vattel, qui critique la thèse de Grotius, puis finit par s'y rallier au point de justifier le tyrannicide : « Si le Prince, attaquant les lois fondamentales, donne à son peuple un sujet légitime de lui résister, si la tyrannie, devenue insupportable, soulève la nation, toute puissance étrangère est en droit de secourir un peuple opprimé qui lui demande son assistance. Pour ce qui est de ces monstres qui, sous le titre de Souverains, se rendent les fléaux et l'horreur de l'humanité, ce sont des bêtes féroces dont tout homme de cœur peut avec justice purger la terre » (*Droit des gens*, liv. II, ch. V, § 70). — Puffendorff et Bacon sont dans le même sens.

(2) Fiore, après avoir affirmé la règle de non-intervention, considère tous les États comme placés sous la protection de la *loi sociale*, et reconnaît à chaque État, garant de la loi sociale, le droit de punir ceux qui la violent : « Tous les droits qu'une nation peut être appelée à défendre elle-même, ajoute-t-il, elle le peut aussi par l'aide d'une autre nation appelée à intervenir. Celle-ci interviendrait à bon droit, car il s'agirait de défendre les droits de l'humanité violés » (*Nouveau droit international public*, trad. Pradier-Fodéré, part. I, liv. I, ch. IV, t. I, p. 225). — Berner, non-interventionniste absolu, admet également une exception aux principes dans le cas d'intervention d'humanité (*Deutsche Staatswörterbuch*, Leipzig, 1860, p. 341).

(3) V. Arntz, *Lettre à M. Rolin-Jaequemyns*, dans la *Revue de droit international et de législation comparée*, t. VIII (1876), p. 673 ; Rolin-Jaequemyns, *Le droit international et la question d'Orient*, dans la même *Revue*, t. VIII (1876), p. 293, et *Note sur le droit d'intervention*, ibid., t. VIII (1876), p. 673 ; Pillet, *Le droit international public*, dans la *Revue gén. de droit intern. public*, t. I (1894), p. 1 et suiv. ; *Les droits fondamentaux des États*, dans la même *Revue*, t. V (1898), p. 66 et 236, et t. VI (1899), p. 503.

C'est à M. Arntz que paraît appartenir l'honneur d'avoir pour la première fois formulé nettement la théorie de l'intervention d'humanité, basée sur la reconnaissance d'un droit humain supérieur au droit international. Voici en quels termes il l'expose : « Lorsqu'un gouvernement, tout en agissant dans la limite de ses droits de souveraineté,

ceptes moraux s'imposant à la conscience de l'individu, c'est une règle
nécessaire conditionnant certains rapports sociaux de l'homme, et par
conséquent une règle juridique. De même que toute société privée a ses
lois nécessaires, la société humaine doit avoir les siennes.

Les peuples vivent, suivant M. Pillet, d'une triple vie sociale corres-
pondant à une triple forme d'organisation collective. La société nationale correspond au commerce juridique des individus groupés politiquement sur un même territoire. La société internationale correspond au
commerce des groupements politiques, des États entre eux. La société
humaine correspond au commerce de tous les hommes entre eux sans
distinction de catégories politiques. Et comme aucune société ne peut
exister sans une responsabilité qui conditionne son activité, c'est-à-dire
sans un droit qui lui soit propre, il y aura nécessairement un droit national, un droit international et un droit humain (1).

Si l'on compare entre elles ces trois formes du droit, il se trouve que
le droit humain est la plus haute de toutes parce qu'elle correspond à la
forme primordiale de la société, aux besoins les plus profonds et les
plus durables de la nature humaine, alors que les deux autres formes
du droit correspondent à des besoins plus différenciés, plus contingents,

viole les droits de l'humanité, soit par des mesures contraires à l'intérêt des autres
États, soit par des excès d'injustice et de cruauté qui blessent profondément nos mœurs
et notre civilisation, le droit d'intervention est légitime. Car, quelque respectables que
soient les droits de souveraineté et d'indépendance des États, il y a quelque chose de
plus respectable encore, c'est le droit de l'humanité ou de la société humaine qui ne
doit pas être outragé. De même que dans l'État la liberté de l'individu doit être restreinte et est restreinte par le droit et par les mœurs de la société, de même la liberté
individuelle des États doit être restreinte par les droits de la société humaine. Mais en
pareil cas un État isolé ne peut pas s'arroger le droit d'intervention. Ce droit ne peut
être exercé qu'au nom de l'humanité représentée par tous les autres États, ou tout au
moins par le plus grand nombre des États civilisés qui doivent se réunir en un Congrès
ou en un tribunal pour prendre une décision collective. De cette manière on peut concilier le droit d'intervention avec la garantie de l'indépendance des États »(Cité par Rolin-
Jacquemyns, *Note sur la théorie du droit d'intervention,*dans la *Revue de droit international et de législation comparée,* t. VIII (1876), p. 673.

M. Pillet établit avec soin la distinction du droit humain et du droit naturel : « Pour
séparer la cause de ce droit des traditions qui ne pourraient que le compromettre, il
faut ajouter que, s'il est vrai que ce droit existe en puissance tout entier dans chaque
homme, il est vrai aussi que nous ne l'apercevons que successivement et au prix des
plus grands efforts. Les anciens avaient tort lorsqu'ils affirmaient que l'homme a la vue
la plus complète des lois naturelles de son être. Leur connaissance ne se dégage au
contraire que petit à petit, pièce par pièce, imparfaitement, lentement (*Le droit international public, loc. cit.*).

(1) « Il existe un droit véritable en dehors des sociétés nationales et de leurs institutions
juridiques, en dehors et au-dessus de la société internationale et du droit qui lui correspond, droit inséparable de l'homme et qui mérite bien le nom de droit commun de
l'humanité » (Pillet, *Le droit international public, loc. cit.*, p. 13).

plus variables. Le droit humain doit dominer et pénétrer nécessairement le droit national et le droit international, parce que le but de toute société politique est double : avant que de satisfaire aux intérêts contingents du groupe politique, elle doit satisfaire aux droits humains de ses membres. Elle a une mission humaine à remplir avant ses missions nationale et internationale, qui sont d'un ordre moins universel (1).

En fait, cette pénétration a lieu. Les libertés politiques que toute législation positive reconnait aux individus sont des institutions de droit humain. Tous les grands progrès du droit international : respect de la foi jurée, adoucissement du sort des blessés et des prisonniers de guerre, répression de la traite, institution de l'arbitrage, etc.., ont été dus à l'influence du droit humain. Les législations positives ne peuvent même prendre naissance et avoir force obligatoire qu'en vertu de certaines règles de droit humain, telles que le respect de la foi jurée.

On peut dire que l'État a pour fonction essentielle de dégager et d'appliquer le droit humain, et que ce droit humain impose à l'État d'accomplir certaines fonctions vis-à-vis des individus : fonction de protection, fonction de justice, fonction de développement matériel et moral. Le manquement à ce devoir entraînera pour l'État une responsabilité d'un genre particulier, une responsabilité devant l'humanité, car il ne peut exister d'obligation juridique sans responsabilité.

La théorie du droit humain reconnait l'existence d'une société humaine primordiale et d'une loi qui conditionne son activité, mais sans arriver à préciser quelle est cette loi. Brocher de la Fléchère lui a donné son vrai nom : cette loi est la *solidarité*. « L'essence de la société, dit cet auteur, c'est la solidarité. Le principe de non-intervention ne peut avoir de valeur absolue. Le monde est à l'humanité qui laisse les divers peuples s'en répartir la jouissance : le partage doit se faire dans l'intérêt de tous et non des intéressés immédiats seulement » (2).

C'est à la même conclusion qu'est arrivé le professeur Duguit dans ses

(1) « Si l'on compare le degré d'autorité des trois formes du droit, on reconnait que le droit commun de l'humanité occupe dans cette échelle le degré supérieur ; il domine soit le droit national de chaque peuple, soit le droit des peuples entre eux. Les divers groupes, État, communauté internationale, ont quelque chose d'artificiel et de voulu : le bien de l'homme est leur dernier objet. Dans le droit intérieur de chaque État, on fait une place particulière à un groupe de droits, qu'on appelle volontiers, pour les distinguer, *droits publics* de l'individu. Si grande que soit la liberté d'un législateur, on ne concevrait pas qu'il ne s'inclinât pas devant eux. Dans le domaine des relations internationales, cette même idée de respect se fait jour invinciblement, dût-elle pour cela écarter violemment les principes les plus certains du droit des gens » (Pillet, *Le droit international public*, loc. cit., p. 19).

(2) *Solidarité et souveraineté*, dans la *Revue de dr. intern. et de lég. comparée*, t. XXVI (1894), p. 415.

remarquables études de droit public (1). Le principe fondamental qui conditionne toutes les activités humaines, c'est la solidarité : sans doute l'homme se sent plus particulièrement solidaire d'un groupe social déterminé, mais au-dessus des solidarités nationales existe une solidarité internationale, et au-dessus de la solidarité internationale une solidarité humaine. La nécessité des choses impose ainsi à l'homme une double règle de conduite : ne rien faire de contraire à la solidarité sociale, faire tout ce qui est de nature à réaliser la solidarité sociale. Cette double règle résume tout le droit objectif. Elle constitue la *règle de droit* suprême qui s'impose aux gouvernants et aux gouvernés, et dont toute loi positive, pour être légitime, devra être l'expression, le développement ou la mise en œuvre.

Il nous suffit de rappeler ce système pour montrer comme il ressemble, avec un degré plus grand de précision, au système du droit humain. Le droit humain ne sera pas autre chose que l'expression de la solidarité humaine ; et, que l'on prenne l'une ou l'autre des deux idées pour point de départ, les conséquences qu'il conviendra d'en tirer seront les mêmes (2).

2° *Contenu de la règle de droit.* — Le fait qu'il existe un droit humain ne saurait servir de base à une action internationale si le contenu de ce droit n'est pas précisé. Avant de songer à sanctionner les violations d'une règle, il faut dire en quoi consiste la règle, et non point se contenter de formules vagues comme celle-ci qu'emploie Bluntschli : « L'intervention est légitime lorsqu'elle a pour but de faire respecter les droits individuels reconnus nécessaires à l'humanité » (3). Le grand juriste allemand ne dit pas quels sont les droits individuels reconnus nécessaires à l'humanité. Si cette appréciation est laissée aux puissances

(1) *L'État, le droit objectif et la loi positive* et *Manuel de droit constitutionnel.*

(2) D'autres auteurs encore ont envisagé l'existence d'un *droit humain* sous une forme un peu différente. — Heffter admet la possibilité d'une intervention d'humanité, à titre exceptionnel, entre les nations qui reconnaissent entre elles un semblable droit. Pour cet auteur, le droit humain n'aurait donc pas une existence propre et objective, mais aurait une origine purement conventionnelle (*Le droit international de l'Europe*, § 45 et 46). — Woolsey distingue entre l'ordinaire et l'extraordinaire ; il admet l'intervention lorsqu'une situation *extraordinaire* est amenée par le crime d'un gouvernement contre ses sujets, ce qui constitue un critérium assez peu net (*Introduction to the study of international law*, édition anglaise, 1875, § 42). — Phillimore (*Commentaries upon international law*, t. I, p. 441), Riquelme (*Elemento de derecho publico*, t. I, p. 172), Kebedgy (*De l'intervention*, p. 76) invoquent les droits de l'humanité sans en préciser la nature. — F. de Martens (*Traité de droit international*, § 76) restreint l'application de l'intervention d'humanité aux États asiatiques. — Bluntschli (*Le droit international codifié*, art. 471-473) admet l'intervention pour faire respecter les « droits individuels reconnus nécessaires à l'humanité ».

(3) *Le droit international codifié*, art. 471.

intervenantes, elle sera arbitraire, variable suivant les circonstances et ressemblera tout à fait à l'appréciation du « droit naturel ». C'est ainsi que la Pentarchie estimait la forme républicaine des gouvernements contraire « au droit public de l'Europe ».

En admettant avec MM. Duguit et Brocher de la Fléchère que le droit humain est l'expression la plus générale de la solidarité humaine, le contenu de ce droit se trouve implicitement déterminé. Il comprendra toutes les règles susceptibles d'exprimer ou de développer la solidarité humaine, abstraction faite des solidarités plus étroites qui peuvent unir les membres de collectivités politiques déterminées. Or la solidarité humaine exige que toutes les activités qui caractérisent l'homme, en tant qu'être physique, être moral et être social, soient protégées : sa vie et sa liberté physique, sa liberté morale, son aptitude au commerce social. Le droit humain devra donc garantir aux individus le respect de la vie, le respect de la liberté matérielle et morale, et enfin la reconnaissance d'un ordre légal, condition *sine qua non* de la vie en société. Nous disons « un ordre légal » sans préciser davantage. C'est en effet que chaque société particulière est maîtresse de l'ordre légal qu'il convient d'établir sur son territoire conformément aux principes de solidarité nationale. Les droits qui en découlent sont les droits politiques, publics et civils des individus. La seule chose qu'exige la solidarité humaine, c'est qu'il existe dans chaque nation un ordre légal quelconque réglant les rapports des gouvernants et des gouvernés, que l'individu ne soit pas soumis à un régime de pur arbitraire et que l'ordre légal établi ne soit pas violé arbitrairement. C'est ainsi que la détermination des crimes punissables de mort appartient au législateur de chaque nation, mais que l'exécution d'un citoyen sans jugement ou pour un fait qu'aucune loi ne réprime constitue une violation du droit humain. Le droit humain se résumerait en somme dans une triple formule : droit à la vie, droit à la liberté, droit à la légalité.

Ces trois termes ressemblent beaucoup à ceux employés par la Déclaration des droits de l'homme et du citoyen : la liberté, la résistance à l'oppression, qui correspond au droit à la légalité, et la sûreté, qui implique le respect de la vie. Toutefois le texte de 1789 y ajoute le droit à la propriété (1).

3° *Sanction de la règle de droit.* — La conception du droit humain conduit nécessairement à limiter les pouvoirs de l'État, soit dans le do-

(1) Article 2 : « Le but de toute association politique est la conservation des droits naturels et imprescriptibles de l'homme. Ces droits sont la liberté, la propriété, la sûreté et la résistance à l'oppression ».

maine national, soit dans 'e domaine international. Le Souverain apparaît comme investi de certaines fonctions pour l'accomplissement desquelles il dispose de la force publique, et pour l'accomplissement desquelles seulement l'usage de cette force est légitime. C'est la théorie bien connue du pouvoir-ministère ou du pouvoir-fonction qu'enseignaient déjà les théologiens du Moyen Âge. En droit public interne elle aboutit à la garantie des libertés individuelles, à l'établissement d'un contrôle des gouvernés sur les gouvernants, à la doctrine du droit de résistance à l'oppression. Il nous reste à montrer qu'en droit public international elle peut recevoir de semblables applications et que l'intervention d'humanité constitue précisément une de ces applications.

Tout État voit lui incomber deux catégories de fonctions. Les unes sont les fonctions nécessaires à l'existence de toute société organisée, fonctions qui lui sont communes avec les autres États ; elles se résument dans les deux grandes idées d'ordre et de justice, et supposent essentiellement l'existence d'un gouvernement régulier et la protection des droits humains des habitants. Tous les États qui reconnaissent ces obligations forment une communauté ou société appelée, anciennement communauté des États chrétiens, aujourd'hui communauté des États civilisés. Les autres sont les fonctions propres et particulières à l'État envisagé, telle que l'organisation de l'armée, des cultes ou de l'enseignement. Pour l'accomplissement de ces dernières, le Souverain est soumis au seul contrôle de ses ressortissants, parce que ceux-ci sont seuls intéressés au bon accomplissement desdites fonctions ; il est dans ce domaine indépendant vis-à-vis des autres États, sous la réserve toujours sous-entendue de ne point blesser leurs droits. Ses actes sont protégés contre toute ingérence étrangère par l'exception de non-intervention.

Mais il en va différemment des fonctions générales de l'État, qui lui sont communes avec les autres membres de la communauté internationale, et dont la communauté internationale a intérêt à exiger l'accomplissement. Il est trop évident qu'une communauté d'États civilisés ne peut admettre dans son sein un État sans gouvernement, ou doté d'un gouvernement barbare. Il faut que tous les individus répartis dans les différents groupements politiques qui constituent la communauté soient respectés dans leur droit à la vie, à la liberté, à la légalité.

Le gouvernement qui manque à sa fonction en méconnaissant les intérêts humains de ses ressortissants commet ce que l'on pourrait appeler un détournement de souveraineté : sa décision ne s'impose plus souverainement au respect des tiers, car, ainsi que le dit énergiquement Fiore, les actes arbitraires ne sont pas des actes de souve-

aineté (1). Les autres membres de la communauté internationale au-
ont intérêt à intervenir pour le contrôler, de par la solidarité qui les
nit tous, et ils auront le droit d'intervenir pour cause de violation d'une
ègle de droit humain. A la souveraineté du gouvernement coupable se
ubstituera une souveraineté étrangère, soit pour remplir à sa place la
onction qu'il a négligée, soit pour annuler l'acte entaché de faute si
annulation en est possible, soit pour empêcher que des défaillances
nalogues ne se produisent dans l'avenir (2).

Le principe d'indépendance des États n'a donc pas la portée qu'on
ui attribue ordinairement. Même en ce qui concerne les rapports du
ouvernement et des nationaux, l'État n'est pleinement indépendant
u'autant qu'il se conforme au droit. Sa faute fonctionnelle fait cesser
on indépendance. Qu'est-ce que la perpétuelle ingérence de l'Europe
ans les affaires d'Orient, si ce n'est la démonstration par les faits que
ertains États ne peuvent pas jouir d'une pleine liberté d'organisation
ntérieure parce qu'ils en feraient un usage pernicieux pour eux-mêmes
t pour les autres ?

La possibilité d'un contrôle international sur les actes de souveraineté
nterne d'un État contraires aux lois de l'humanité se trouve ainsi jus-
tifiée. Quant à la forme de ce contrôle, il y a lieu de faire une remarque.
e contrôle sera nécessairement plus ou moins étendu suivant que les
tats en présence seront égaux ou inégaux en culture. Entre deux États
galement développés, appartenant tous deux au groupe des puissances
ivilisées, le contrôle sera momentané et occasionnel. Il est à présumer
n effet que ces puissances accomplissent toutes convenablement leurs
onctions essentielles, et que la faute de l'une d'elles est une faute acci-

---

(1) Fiore, *Nouveau droit international public*, 1885, t. I, nᵒˢ 571 et 572.
(2) « La communauté qui existe entre États est en effet une communauté de fonctions.
u moment qu'un État est entré dans la communauté internationale, il importe à la
ommunauté que les fonctions qui lui incombent soient remplies. Si la volonté et la
rce lui manquent, d'autres, de simples tiers, les rempliront à sa place dans les limites
e leur intérêt » (Pillet, *op. cit.*, dans la *Revue gén. de droit international public*, t. I
(894), p. 26). — « Pour qu'un État puisse revendiquer le principe de non-intervention,
faut que ce soit un État digne de ce nom et qu'il soit viable » (Rolin-Jaequemyns,
ans la *Revue de droit international et de législation comparée*, t. VIII (1876), p.369).—
S'il est vrai que les États sont souverains, cette souveraineté n'est pas absolue. De
ême qu'en droit interne, issue de l'individu, la souveraineté trouve une limite dans
e respect des libertés individuelles, de même, en droit international, issue de la même
ource, elle en trouve une dans les droits fondamentaux de l'humanité. Basée sur la
olonté de l'homme, la souveraineté est obligée par cette origine même de respecter
es droits de l'homme » (De Lapradelle, *Chronique sur les affaires de Cuba*, dans la
*Revue du droit public et de la science politique en France et à l'étranger*, 1900, t. 1,
. 75 et suiv.). — « On peut dire que l'État qui ne remplit pas sa fonction de justice
ême à l'égard de ses nationaux perd son droit au respect et que les autres puissances
ont autorisées à substituer leur action à la sienne » (Basdevant, *Chronique*, dans la
*Revue gén. de droit international public*, t. XI (1904), p. 110).

dentelle qu'il suffit de lui signaler pour en empêcher le renouvellement. C'est ainsi que la Roumanie a coutume, d'une manière générale, de protéger effectivement les droits individuels de ses ressortissants, encore qu'elle ait édicté des mesures d'exception contre les Israélites. Dans cette hypothèse, le mode normal de contrôle sera l'intervention d'humanité.

Lorsque les infractions à la solidarité humaine sont au contraire le fait d'un Etat barbare ou mi-civilisé, chez qui de tels désordres peuvent revêtir un caractère durable et permanent, les puissances civilisées sont obligées de recourir à un mode de contrôle plus énergique, qui permette de prévenir le mal plus encore que de le réprimer ou de le réparer. L'intervention simple est alors remplacée par un droit d'intervention permanent ou droit de tutelle : c'est le droit que se sont arrogées les puissances européennes vis-à-vis de la Porte. La tutelle peut être remplacée par un mode de contrôle plus étroit encore, consacrant la dépendance politique de l'Etat contrôlé, tel que le protectorat. Enfin, vis-à-vis les tribus les plus arriérées de l'Afrique, certains jurisconsultes veulent reconnaitre aux Etats d'Europe un droit spécial, le droit de la civilisation (1), et ces Etats le mettent en œuvre au moyen des pseudo-protectorats qui ne servent guère qu'à déguiser les annexions du territoire (2).

### III

Quelles sont les puissances compétentes pour intervenir auprès d'un gouvernement qui viole les lois de l'humanité ?

Cette question est particulière à la théorie de l'intervention d'humanité. Dans toutes les autres hypothèses où peut s'exercer le droit d'intervention, — nécessité de la conservation, protection des nationaux, sauvegarde d'intérêts financiers ou de prérogatives essentielles, etc..., — le doute n'est pas possible, puisqu'il existe un ou plusieurs États ayant subi un préjudice direct et personnel du fait de l'acte de souveraineté

(1) Bluntschli, *op. cit.*, art. 280.

(2) M. Pillet déclare qu'il a laissé en dehors de son étude sur l'interdépendance des États : 1° la garantie due par les États aux droits de l'humanité et 2° la mission d'éducation des nations civilisées vis-à-vis des sauvages. « Ces deux fonctions de l'État, dit-il, dépassent le cadre de la présente étude parce qu'elles ne mettent pas en jeu les intérêts propres de l'État qui à l'occasion les exerce, mais constituent une participation directe à l'œuvre commune des nations. Ici les intérêts nationaux disparaissent et il ne peut plus être question que des intérêts généraux de l'humanité, lesquels trouvent dans tous les Souverains des représentants également qualifiés à l'accomplissement d'une même œuvre ». *Les droits fondamentaux des États*, dans la *Revue gén. de droit international public*, t. VI (1899), p. 256).

abusif. C'est à ces intéressés qu'il appartient de faire valoir eux-mêmes leurs droits en l'absence de toute juridiction internationale. Nul n'intervient par procureur, pourrait-on dire en déformant un ancien adage ; seule la victime d'une injure aura capacité d'agir pour faire cesser l'injure.

Il en va tout différemment dans le cas spécial que nous examinons. Les actes tyranniques dont un gouvernement peut se rendre coupable envers ses ressortissants froissent sans doute les intérêts humains de toutes les puissances civilisées, mais ils ne froissent plus particulièrement les intérêts d'aucune d'entre elles. Il n'apparait pas au premier coup d'œil que certaines de ces puissances soient qualifiées pour agir à l'exclusion des autres. De là plusieurs conceptions possibles. On peut admettre que ce droit d'intervention appartienne également à tous les États ou qu'il soit réservé à ceux qui réunissent des conditions déterminées. On peut également en envisager l'exercice comme individuel ou collectif, pouvant être le fait d'une seule puissance ou devant émaner d'un groupe de puissances réunies.

Ce dernier aspect de la question a été le plus souvent discutée en doctrine : on admet très généralement qu'une intervention d'humanité n'est légitime que si elle est exercée collectivement. Nous voudrions montrer que le nombre des intervenants ne saurait être un critérium de légitimité de l'action internationale, et que ce critérium doit être cherché dans la réunion de deux qualités chez les intervenants : le désintéressement et la plus grande autorité.

A. *Premier système : l'intervention individuelle.* — Dans une première opinion, tout État posséderait le droit de réprimer les violations de l'humanité et pourrait agir individuellement à cet effet. C'est la théorie la plus ancienne. Elle n'a guère été défendue que par l'école « du droit de la nature et des gens », à une époque où les liens de solidarité internationale étaient beaucoup plus ignorés qu'aujourd'hui, et en vertu d'une conception très spéciale du droit de punir. Pour Grotius, le droit de punir dérive du droit naturel ; il appartient à tout homme et à toute nation. Les hommes en se formant en société le délèguent au gouvernement, mais les nations continuent à l'exercer individuellement chaque fois qu'elles constatent une injustice. Tout État a le droit d'apprécier selon le droit naturel la conduite des gouvernements et des peuples, de les juger et de les punir s'il les estime coupables (1).

(1) Grotius, *op. cit.*, liv. II, ch. XX, § 40. — V. dans le même sens, Bacon et Puffendorf. Fiore (*op. cit.*, édit. 1868, trad. Pradier-Fodéré, t. I, p. 225) écrit aussi que « puisque entre les nations il n'y a pas d'autorité constituée, tous les États ont le droit de punir celui qui viole ouvertement la loi sociale ».

C'est une doctrine complètement inadmissible. Le droit de punir ne dérive pas du droit naturel et n'appartient pas à toute personne juridique, homme ou État. Il dérive des nécessités de la sécurité sociale et ne peut exister que dans une société assez évoluée pour posséder une organisation juridictionnelle au moins rudimentaire. Or cette organisation n'existe pas encore dans la Société des nations : les États peuvent agir pour défendre leurs droits ou pour empêcher des injustices, ils ne peuvent pas s'entre-juger ni s'entre-punir les uns les autres. Au-dessus des États n'existe ni loi pénale internationale ni tribunal chargé de l'appliquer. Seuls les tribunaux d'arbitrage commencent à fonctionner, et il serait déraisonnable, étant donné leur organisation rudimentaire et leur autorité incertaine, de songer à les faire connaître à l'heure actuelle de questions aussi délicates.

D'ailleurs, l'intervention n'a pas pour but de punir, mais bien de prévenir, d'empêcher qu'un abus ne se renouvelle dans l'avenir. Elle ne réunit pas les éléments caractéristiques d'un litige et ne constitue pas un acte de juridiction. Ce serait bien plutôt une mesure de haute police internationale. Les puissances intervenantes exercent une surveillance sur d'autres États pour s'assurer qu'ils remplissent leurs fonctions essentielles ; elles en assurent elles-mêmes l'accomplissement, s'il devient nécessaire, en substituant leur souveraineté à celle du gouvernement défaillant. Plutôt qu'à celle d'un juge leur action ressemblerait à celle d'un supérieur hiérarchique appréciant les actes de son subordonné, les annulant s'ils sont illégaux et les réformant au besoin. Cette notion de supériorité nécessaire chez les intervenants ne permet pas d'admettre que le pouvoir de contrôle soit confié à tout État indifféremment (1).

B. *Système de l'intervention collective.* — A la théorie individualiste s'oppose la thèse de l'intervention collective. C'est, nous l'avons dit, la doctrine courante. Les auteurs justifient l'exigence d'une collégialité d'États intervenants par des arguments de fait et de droit.

En fait, il est hors de doute qu'un « concert de puissances » soit capable de réussir par le seul poids de sa force matérielle là où un État isolé échouerait. L'intervention collective est un instrument plus parfait mis au service du droit international par cela seul que ses chances de succès

---

(1) La faiblesse de l'argument de Grotius a été parfois exploitée par les adversaires de la théorie de l'intervention d'humanité. Cette théorie, disent-ils, repose sur un prétendu droit qu'aurait tout État de punir les crimes d'un autre. Or ce prétendu droit n'existe pas. Donc la théorie est fausse. —V. en ce sens Pradier-Fodéré (*op. cit.*, t. I, § 425) et Piedelièvre (*op. cit.*, t. I, p. 271).

sont plus considérables. Un État isolé manquera toujours d'autorité pour agir. S'adresse-t-il à une nation d'égale puissance ? Il manquera d'autorité matérielle et verra ses avis repoussés avec hauteur : lorsque les États-Unis prirent en main la cause des Juifs de Kitchineff, la presse officieuse russe répondit par les allusions les plus désagréables au lynchage des nègres ; lorsque la Roumanie intervint en faveur des Koutzo-Valaques, la Grèce rappela son ambassadeur à Bucarest. S'adresse-t-il à une nation plus faible, il manquera d'autorité morale et sera infailliblement accusé de dissimuler des ambitions politiques sous des prétextes d'humanité : le désintéressement des États-Unis intervenant contre l'Espagne en faveur des Cubains révoltés fut l'objet de bien des soupçons, et les mêmes insinuations malveillantes se reproduisirent lorsque cette puissance parla d'intervenir à Saint-Domingue, en 1905, pour y faire cesser l'anarchie.

Des conflits enfin seront toujours à craindre entre plusieurs États intervenant séparément et indépendamment dans une même affaire. Si quelque puissance d'Europe en 1898 s'était immiscée dans l'administration de l'île de Cuba, au nom de l'humanité, il n'est pas douteux que la République américaine fût entrée en conflit avec elle en vertu du principe monroïste. Un sur-arbitre aurait été nécessaire pour prononcer entre ces deux arbitres de l'humanité, et d'individuelle l'intervention serait devenue collective.

L'existence de tiers arbitres impartiaux, voilà précisément l'avantage du système de l'intervention collective. A côté de puissances plus ou moins personnellement désireuses d'intervenir figurent dans le « concert » des États politiquement désintéressés et plus capables de trancher sans parti pris des questions générales de droit. Leur nombre accroît l'autorité des décisions collectives, et rend possible l'intervention contre les États forts aussi bien que contre les États faibles. Mais leur présence est surtout une garantie du caractère désintéressé de l'intervention, garantie aussi précieuse pour l'honneur des contrôleurs que pour l'indépendance du contrôlé. A ce double point de vue l'intervention collective semble particulièrement susceptible d'aboutir à d'heureux résultats, et les chances en augmentent à raison de l'autorité matérielle et morale des puissances constituant le concert. La diplomatie européenne l'a récemment encore expérimenté en réunissant la Conférence d'Algéciras pour équilibrer l'action de deux puissances également désireuses de porter à la barbarie marocaine les bienfaits de la civilisation.

On reproche souvent aux décisions collectives des puissances leur lenteur inévitable. Un « concert » d'États aura tendance à temporiser, à laisser passer les événements, à s'arrêter aux solutions transactionnelles, par la difficulté même qu'il éprouvera à réaliser l'accord de ses membres. Ce grief fut fréquemment formulé contre les tuteurs de la Sublime Porte, et non toujours sans raisons. Mais il n'est pas impossible de remédier à cet inconvénient en faisant déléguer le droit d'intervenir par le concert tout entier à une puissance isolée. Cette pratique s'accrédite de plus en plus aujourd'hui dans les cas d'intervention collective. Ainsi les différentes interventions françaises au Maroc ont été exécutées en vertu d'une délégation des puissances signataires d'Algéciras ; ainsi l'action austro-russe en Macédoine entre 1902 et 1906 était approuvée par les puissances signataires du traité de Berlin. A l'autorité de la décision collective s'allient alors la rapidité et la souplesse de l'exécution individuelle.

A ces considérations de pur fait s'ajoute une raison juridique, à savoir que les intérêts collectifs doivent faire l'objet de délibérations collectives. Le droit d'agir contre un gouvernement inhumain appartient proprement à la Société des nations, gardienne du droit humain, que les actes tyranniques lèsent dans ses prérogatives essentielles ; les puissances intervenantes sont ses représentants. Or la Société des nations ne peut être représentée que par une collégialité d'États. Un État isolé, fût-il le plus civilisé du monde, ne saurait parler avec autorité en son nom ni en celui de l'humanité. L'art diplomatique a depuis longtemps recours aux Congrès, aux Conférences et autres modes de décision collective toutes les fois qu'il convient de résoudre un problème touchant aux intérêts politiques de plusieurs États, et de parler soit au nom de l'Europe, soit au nom de l'Amérique du Nord ou du Sud. On ne saurait accorder une représentation moins solennelle à des intérêts d'un ordre plus général encore ni les abandonner à l'appréciation arbitraire d'un seul gouvernement. Comme l'a très bien vu M. Arntz, l'intervention d'humanité doit être collective parce que « l'humanité ne peut être représentée que par tous les États, ou tout au moins par le plus grand nombre des États civilisés qui doivent se réunir en congrès ou en tribunal pour une décision collective » (1).

(1) « Mais en pareil cas un État isolé ne peut s'arroger le droit d'intervention. Ce droit ne peut être exercé qu'au nom de l'humanité représentée par tous les autres États ou tout au moins par le plus grand nombre des États civilisés qui doivent se réunir en congrès ou en tribunal pour une décision collective. De cette manière on peut concilier le droit d'intervention avec la garantie de l'indépendance des États » (Arntz, op. et loc. cit., p. 675). — « La société des États ne pourrait pas non plus exister sans l'observation de la loi et du droit internationaux. Or il nous semble que la protection juridique du droit international ne pourrait pas se réaliser autrement qu'en étant placée sous la garantie collective de tous les États qui vivent en société de fait. Ils sont intéressés à ce que le droit international ne soit pas violé et doivent avoir

Les discussions que nous venons de résumer sur le caractère unitaire ou collégial qu'il convient de donner à l'intervention d'humanité paraissent laisser sans réponse la question posée. Elles n'aboutissent pas à préciser quelles puissances sont compétentes pour intervenir. En définitive, la doctrine n'exige la collégialité que pour obtenir chez les intervenants la réunion de deux conditions : à savoir le désintéressement et la plus grande autorité ; nous ne parlons pas de la plus grande force matérielle qui constitue un pur élément de fait. Mais alors c'est le désintéressement et l'autorité des États intervenants et non leur nombre qui font la légitimité de l'intervention. Un seul État, désintéressé et ayant autorité, agira légitimement ; un collège composé d'États tous intéressés ou dépourvus d'autorité légitime n'aura pas qualité pour agir. En général, les deux conditions se trouveront réunies dans une intervention collégiale, mais cela n'aura pas lieu nécessairement.

C. *Système de l'intervention désintéressée et autorisée.* — Cette critique nous amène donc à concevoir un troisième système qu'on peut ainsi formuler : sont compétentes pour intervenir au nom de l'humanité les puissances qui sont désintéressées et investies d'une légitime autorité sur l'État contrôlé.

Reprenons ces deux points.

Par définition l'intervention d'humanité est désintéressée. Le désintéressement est une condition essentielle chez l'intervenant dont l'action tend à faire respecter une règle de droit générale et non à poursuivre la réalisation d'un avantage individuel. Que faut-il entendre par ce mot de désintéressement ? Il est sans doute très rare qu'un État puisse espérer un bénéfice direct et immédiat d'une démarche diplomatique tendant à l'abolition d'une loi injuste ou à la cessation d'un abus administratif (1).

Mais il se peut, et c'est là le danger, que l'intervention d'humanité ne

aussi le pouvoir nécessaire pour rétablir l'autorité du droit si elle était atteinte..... Le droit international est sous la protection de tous les États associés. Le devoir de protection juridique comporte de leur part l'obligation d'intervenir pour rétablir l'autorité du droit si elle était atteinte par le fait d'un ou plusieurs États » (Fiore, *op. cit.*, § 591 et 598). — V. dans le même sens : Puffendorff, *Jus naturale*, V, XII, § 7 ; Geffcken sur Heffter, *op. cit.*, § 46, note 1 ; F. de Martens, *op.cit.*, § 76 ; Rolin-Jacquemyns, *op. cit.*, dans la *Revue de droit international et de législation comparée*, t. VIII (1876), p.675 ; Kebedgy, *De l'intervention*, p. 82 ; Fedezzi, *Saggio sul intervento*, dans l'*Archivio giuridico*, 1899, III, p. 267.

(1) Pour intervenir en faveur des Israélites roumains, les États-Unis invoquaient cependant, en sus de la raison d'humanité, un préjudice direct et personnel dont ils avaient intérêt à obtenir la cessation : le préjudice que leur causait l'immigration de ces Israélites chassés de leur pays par les vexations gouvernementales et trop pauvres pour faire de bons immigrants.— V, la Note américaine, p. 57, note.

soit'à ses yeux un simple prétexte pour atteindre indirectement quelque résultat politique soit en imposant à l'État contrôlé sa domination, au moyen d'un protectorat par exemple, soit en faisant naître un conflit qu'il espère devoir tourner à son profit. L'intervention cesse d'être désintéressée lorsque l'intervenant a un intérêt à dépasser les limites où devrait se tenir son action.

La conduite de la Russie envers la Porte en 1877 et celle des États-Unis envers l'Espagne en 1895-1898 paraissent être des exemples d'intervention intéressée. Sans doute la Russie intervenait pour faire cesser les atrocités dont la Bulgarie était le théâtre ; mais, dès l'instant qu'elle était obligée de sortir des limites de l'intervention pour recourir à la guerre, les intérêts politiques qu'elle poursuivait apparaissaient trop clairement ; ils apparurent surtout à la conclusion du traité de San Stefano.

On peut en dire autant de l'intervention américaine dans la question de Cuba, motivée en très grande partie par des considérations de pure humanité. Le peuple américain était sincère dans ses élans de sympathie envers les Cubains. Il comparait, avec un peu d'exagération, leur situation à celle des Arméniens, s'indignait des tortures infligées aux rebelles, de l'usage des « camps de concentration », où la mortalité atteignait 50 0/0, et appelait la guerre avec l'Espagne *christian war*. Pour prouver son désintéressement, le gouvernement américain refusa, après la victoire, soit d'annexer Cuba, soit d'étendre sur l'île son protectorat. Enfin il semble que depuis la proclamation d'indépendance, les populations cubaines aient effectivement connu un régime plus libéral et plus humain que sous la domination espagnole. En dépit de ces raisons, on ne saurait voir dans la politique de la Maison-Blanche une intervention de pure humanité, parce que le gouvernement de l'Union ne pouvait pas ignorer les avantages économiques que lui procurerait l'émancipation de Cuba, et parce que son refus même d'annexer l'île lui valait de n'être pas responsable de la dette cubaine. L'affaire de Cuba constitue précisément un de ces cas douteux dans lesquels la présence de tiers impartiaux serait nécessaire pour garantir le désintéressement de l'intervention. Cela ne signifie pas d'ailleurs qu'une intervention isolée ne puisse jamais être désintéressée.

La deuxième condition à laquelle doit satisfaire un État pour être apte à exercer le contrôle d'humanité, c'est d'avoir une légitime autorité sur l'État contrôlé, d'être qualifié pour lui dicter des ordres au nom de la Société des nations. Le droit d'agir pour sauvegarder les intérêts généraux de l'humanité ne peut appartenir qu'à certaines puissances investies dans la collectivité d'un pouvoir de direction et de surveillance et nommées pour cette raison les grandes puissances.

L'égalité n'est pas, comme on l'a dit, un droit fondamental des États, c'est la conséquence d'une situation de fait. Les États se trouvant dans une situation identique et sans supérieur commun sont amenés à se concéder des droits identiques. Mais si cette parité de situation vient à s'évanouir à la suite de quelque événement, l'égalité disparaît et le droit ne peut que consacrer la hiérarchie naturelle de puissance, d'autorité morale ou de civilisation qui s'établit entre les nations (1).

Pour les États comme pour les individus, la sauvegarde des intérêts collectifs exige qu'il existe des dirigeants et des dirigés. Ceux qui peuvent mettre au service de la communauté une plus grande science, un plus grand développement juridique et social, une plus grande puissance économique, financière ou militaire, devront être investis d'une autorité légitime sur les États inférieurs qui ne peuvent que suivre l'impulsion reçue. « Toute société, écrit M. Rolin-Jaequemyns, a besoin d'ordre et de justice. Si informe que soit encore la société internationale, elle n'échappe pas à cette loi. Si cette société était complètement organisée, elle aurait à sa tête une autorité régulièrement constituée, délibérant et agissant d'une manière permanente d'après certains principes définis. N'étant encore qu'à l'état imparfait, elle a à sa tête l'autorité imparfaite et intermittente des plus puissants de ses membres » (2).

---

(1) V. en ce sens : Pillet, *Les droits fondamentaux des États*, dans la *Revue générale de droit international public*, t. V (1898), p. 70.

(2) « Parmi les États, il en est quelques-uns qui, s'intitulant « grandes puissances », se sont en maintes occasions attribué le droit d'imposer leur médiation ou leur intervention pour rétablir la paix de l'Europe, agir dans un intérêt d'humanité, et, plus particulièrement dans ce siècle, représenter l'ensemble de l'Europe dans les relations de celle-ci avec les peuples orientaux. Ces puissances n'ont pas toujours été les mêmes... Le mot concert européen semble pouvoir se définir : l'union de l'Europe dans un même droit dont les grandes puissances sont les gardiennes... La légitimité de l'action des grandes puissances ou la distinction entre les grandes puissances et les autres ne se fonde pas sur une loi écrite, à moins que l'on n'invoque comme telle le texte des traités où cette action s'est manifestée, par exemple ceux qui sont relatifs à la création du Royaume de Grèce, du Royaume de Belgique, ou du traité de Paris de 1856 et de tous ceux qui l'ont modifié et complété. Mais ce serait à tort que l'on considérerait ces actes comme faisant naître un droit dont ils ne sont que la manifestation extérieure. Ce serait une erreur plus grande et surtout plus funeste de ne voir dans l'action prépondérante des grandes puissances qu'un simple fait reposant sur la force irrésistible dont ces puissances disposent pour faire respecter leurs décisions. Il s'agit ici d'un droit qui a ses racines profondes dans l'organisation de la société internationale, ou plutôt de toute société et dont le concert des grandes puissances est l'organe et le dépositaire. Toute société, en effet, a besoin d'ordre et de justice ; si informe que soit encore la société internationale, elle n'échappe pas à cette loi. Si cette société était complètement organisée, elle aurait à sa tête une autorité régulièrement constituée, délibérant et agissant d'une manière permanente d'après certains principes définis. N'étant encore qu'à l'état imparfait, elle a à sa tête l'autorité imparfaite et intermittente des plus puissants de ses membres... A tout droit correspond un devoir chez celui-là

Ainsi, toute forme de contrôle international (et l'intervention d'humanité en est une) serait la consécration juridique d'une inégalité naturelle, et il faut donner à cette notion d'inégalité un sens très relatif puisqu'un État, dans la hiérarchie internationale, peut jouer d'une part le rôle de supérieur, d'autre part le rôle d'inférieur. Quelques exemples en feront mieux saisir la portée.

La plus flagrante inégalité internationale est celle qui existe entre civilisés et barbares. Un Royaume nègre peut réunir tous les éléments constitutifs de l'organisation politique : population, territoire et gouvernement, et mériter le titre d'État à l'égal de l'Empire de Russie ; mais on ne saurait sans fiction considérer ces deux nations comme égales en droit, ni admettre que leurs souverainetés soient également respectables.

Pour masquer cette défaite du soi-disant principe d'égalité, les jurisconsultes ont construit des théories spéciales. Bluntschli reconnaît aux États civilisés un « droit de civilisation » opposable aux barbares (1). Lorimer divise l'humanité en trois compartiments distincts : humanité civilisée, mi-civilisée, barbare, pour que l'idée d'égalité, jouant dans un cadre plus restreint, reçoive moins de démentis des faits. Les États de la première sphère seuls, dit-il, ont droit à la reconnaissance politique plénière, ceux de la seconde à la reconnaissance partielle et les derniers à la reconnaissance naturelle ou humaine. Or la reconnaissance politique plénière seule suppose l'égalité : les États des deux sphères inférieures ne seront pas exclus de la protection du droit humain, mais ils seront sous le contrôle nécessaire des États civilisés (2). Ainsi, toute puissance de la première sphère posséderait la *légitime autorité* nécessaire pour contrôler des barbares, par le seul fait de sa civilisation supérieure, indépendamment de toute condition de collégialité. Par application de cette idée, la France aurait pu légitimement intervenir au nom de l'humanité pour faire cesser les sacrifices humains du Dahomey, sans recourir à des prétextes de violation de frontières.

Tout exacte qu'elle soit, la classification de Lorimer rend insuffisamment compte des relations entre États, parce qu'elle n'établit de hiérarchie qu'entre les civilisations *inégales*, alors qu'il en existe aussi nécessairement entre les civilisations *différentes*. On ne peut assimiler deux civilisations, approximativement égales par le développement des insti-

même qui possède le droit. Le devoir des grandes puissances est d'un côté de n'user de leur autorité internationale que dans de justes limites, de l'autre d'user effectivement de cette autorité lorsque l'intérêt de l'humanité et de la paix générale l'exige clairement. » (Rolin-Jacquemyns, *Le droit international et la question d'Orient*, dans la *Revue de droit international et de législation comparée*, t. VIII (1876), p. 368.

(1) Bluntschli, *Le droit international codifié*, art. 5 et 280.

(2) Lorimer, *Principes de droit international*, trad. Nys, 1885, liv. II, chap. II, p. 69.

lutions politiques, lorsqu'elles se révèlent différentes par leurs racines ethniques ou religieuses. Il existe une civilisation chrétienne, une civilisation musulmane, une civilisation brahmaniste et bouddiste, de même qu'il existe une civilisation européo-américaine, une orientale et une extrême-orientale. Entre les civilisations appartenant à deux groupes différents la pénétration est chose difficile, et l'égalité chose illusoire ; chacune refuse de faire aux institutions de l'autre les concessions réciproques que suppose le commerce d'égalité. Du jour où ces civilisations cessent de s'ignorer et entrent en contact, la plus forte entraîne la plus faible dans son orbe et lui impose sa domination. C'est pourquoi la doctrine admet l'existence d'un *droit public spécial* dans les rapports de l'Europe avec la Turquie ou avec la Chine. Les Capitulations, certaines servitudes internationales, les protectorats religieux en Orient et en Extrême-Orient, la tutelle de la Sublime-Porte, sont autant d'applications de ce droit de direction ou de contrôle que s'arrogent les Chrétiens sur les Musulmans et les blancs sur les jaunes. Les actes de police qu'ils nécessitent seront généralement exécutés par une collectivité de puissances, cette collégialité apparaissant nécessaire pour représenter les intérêts de l'Europe, comme elle apparaissait nécessaire il y a deux siècles pour représenter les intérêts de la Chrétienté. Historiquement ce sont les événements de la question d'Orient qui ont développé la pratique du contrôle d'humanité, ce contrôle étant réservé aux puissances spécialement chargées de représenter les intérêts européens dans leurs conflits avec les intérêts des peuples orientaux, et de ce précédent est née la doctrine traditionnelle qui veut que la collégialité soit une condition nécessaire de l'intervention d'humanité. C'est également l'Europe, personnifiée en ses mandataires ordinaires, qui intervint en Chine en 1900 pour obtenir du gouvernement impérial la dispersion et le châtiment de la secte fanatique des « Boxers ».

Si nous nous limitons enfin à ne considérer que les États d'une même civilisation, la civilisation européo-américaine, nous ne les trouvons pas égaux. Doivent être exceptés tout d'abord du bénéfice de l'égalité tous les États mi-souverains, les vassaux, les protégés, les colonies à gouvernement responsable, qui constituent dans la Société des nations un peuple de gouvernés privés du droit d'envoyer des représentants s'asseoir dans les Congrès et incapables de gérer eux-mêmes leurs intérêts internationaux. Vis-à-vis de ces États, il n'y a pas à envisager la possibilité d'une intervention, c'est-à-dire d'un contrôle temporaire, puisqu'ils sont soumis à un contrôle international permanent.

Au-dessus de ce groupe viennent les États souverains, entre lesquels il existe une hiérarchie encore, du fait que certains d'entre eux accaparent la direction des affaires générales et possèdent sur les autres ce que nous avons appelé la légitime autorité.

On nous objectera sans doute que la supériorité des « grandes puissances » est une pure supériorité de fait dont aucun privilège juridique ne saurait résulter pour elles. Cependant il est permis de se demander, devant certains indices, si le droit n'a pas progressivement consacré le fait accompli.

En Amérique, la question fait peu de doute. La situation prépondérante de la République des États-Unis a été reconnue juridiquement par la doctrine de Monroe. La nation américaine considère cette doctrine, non seulement comme une règle politique, mais encore comme une base de son droit public ; et, depuis l'inauguration de la politique d'hégémonie des États-Unis, elle y voit la consécration très nette d'un droit de « contrôle » de l'Union sur les gouvernements des trois Amériques. Les interventions réitérées du Cabinet de New-York dans le conflit anglo-vénézuélien (1895), à Cuba (1895-1898), dans la sécession de Panama (1903), dans le conflit européo-vénézuélien (1902-1903) ont confirmé cette interprétation. Ainsi, comme M. de Lapradelle l'a très bien vu (1), la légitime autorité de contrôle appartient dans les trois Amériques aux seuls États-Unis, et la tradition européenne des interventions collectives ne trouve pas matière à s'appliquer de l'autre côté de l'Océan. D'ailleurs, le formidable groupement fédéral que représente l'Union américaine équivaut largement à un « concert » de puissances réunies. Cette considération explique que le gouvernement de la Maison-Blanche ait toujours agi seul pour défendre les droits de l'humanité, soit à Cuba, soit à Saint-Domingue, soit en Russie, soit en Roumanie.

En Europe, le « concert des grandes puissances » exerce de véritables attributions de législation internationale ; il paraît détenir une souveraineté supérieure aux souverainetés individuelles de ses membres. Sans doute les puissances qui composent ce concert n'ont pas été les mêmes toujours. Certaines ont cessé d'en faire partie, comme l'Espagne et la Hollande. D'autres n'y sont entrées que relativement tard, comme la Prusse et la Russie. Mais le mot de concert européen a toujours signifié que l'Europe entière s'unissait dans un même droit que les grandes puissances se chargeaient de formuler et d'appliquer. Grâce à l'action de ces puissances, certaines notions juridiques ont pris le caractère d'une règle de droit objective s'imposant à la communauté tout entière. Pour exprimer le caractère des traités de 1815, ou des décisions créant

_______

(1) *Revue du droit public et de la science politique en France et à l'étranger*, 1900, t. I, p. 74.

le Royaume de Grèce ou le Royaume de Belgique, ne serait-il pas plus exact de les assimiler à une loi européenne qu'à une convention « n'ayant d'effets qu'entre les parties contractantes » ? La convention de Constantinople neutralisant le canal de Suez, ou les conventions neutralisant les fleuves internationaux, ne s'imposent-elles pas objectivement au respect des États mêmes qui n'y ont pas participé ? Le mécanisme de l'accession aux traités internationaux, qui fut employé par un si grand nombre d'États après la première Conférence de la Haye, ne signifie-t-il pas l'acceptation pure et simple par un État d'une règle de droit que d'autres États ont délibérée et promulguée ? Le gouvernement américain s'est parfois réclamé des principes du traité de Berlin, bien qu'il n'eût pas pris part à cet accord,« parce que ce sont, disait-il, des principes de droit international et d'éternelle justice » (1). Les États-Unis et l'Espagne ont spontanément déclaré, au début de la guerre de 1898, vouloir respecter les règles posées par la déclaration de Paris qu'ils n'avaient cependant pas signée.

Cette tendance de la Société des États à reconnaître au profit de certains de ses membres une sorte de puissance législative paraît indiquer précisément une lente et progressive consécration juridique de leur prééminence de fait. Nous y verrions volontiers la reconnaissance d'une légitime autorité sur les autres États, autorité complexe qui comprend tout à la fois des vestiges de législation, d'administration et de juridiction. Il appartient aux puissances qui disent la loi d'en surveiller l'exécution, de veiller aux intérêts généraux de la communauté internationale, de s'assurer si chaque gouvernement remplit ses devoirs envers ses ressortissants.En Europe,c'est au concert européen exclusivement qu'il appartient de pratiquer l'intervention d'humanité vis-à-vis des autres États (2): la forme de cette intervention sera donc nécessairement collégiale. Cette attribution de contrôle consacre évidemment une inégalité entre les États, mais il convient de remarquer qu'elle ne constitue pas un privilège pour les États contrôleurs et ne met pas leurs propres défaillances à l'abri de toute sanction. Le concert européen subsiste toujours, en effet, mais les États qui le composent peuvent varier. Que l'un d'eux commette une infraction aux lois de l'humanité, il sera déchu *ipso facto*

(1) Note américaine pour appeler l'attention des puissances signataires dudit traité sur la condition des Juifs roumains, en septembre 1902, dans la *Revue gén. de droit international public*, t. X (1903), note 1 de la page 495, *in fine*, p. 498.

(2) Ainsi, la tentative de contrôle du Congrès de Paris sur l'administration du Royaume des Deux-Siciles à la requête de la France et de l'Angleterre (1856) était parfaitement régulière tout au moins en ce qui concernait la qualité des parties intervenantes.

de la situation prééminente qu'il devait à sa civilisation plus grande, et s'exposera à subir le contrôle du concert européen au lieu de prendre part à ses délibérations et à ses décisions.

## IV

Quels actes peuvent justifier une intervention d'humanité, et quelles sont les limites du droit d'action des États intervenants ?

Nous avons étudié jusqu'ici la théorie de l'intervention d'humanité d'une manière abstraite, en nous efforçant de dégager et de grouper les principes nécessaires à sa construction. Pour sortir de ces généralités, il conviendrait de préciser son domaine d'application et de déterminer les actes qui constituent une violation de l'humanité justifiant l'intervention des puissances compétentes. Un critérium est d'autant plus nécessaire pour faire le départ entre les actes susceptibles de contrôle et ceux qui ne le sont pas que la théorie d'intervention d'humanité restreint davantage la sphère dans laquelle l'État est indépendant et emporte des conséquences plus graves que l'intervention fondée sur le droit de conservation. S'il est juste qu'un État soit contrôlé par d'autres États quant à l'accomplissement de ses fonctions essentielles, communes à tous les États, sans pouvoir invoquer l'exception de non-intervention, il importe que la gestion de ses intérêts politiques particuliers et la marche normale de ses services publics soient protégées par cette exception contre toute ingérence étrangère ; sinon sa personnalité même d'État serait menacée.

Cette question est la plus délicate de toutes celles qui nous ont occupé, et on ne saurait apporter trop de réserve et de prudence en tentant de la résoudre, parce que tous ses éléments apparaissent comme relatifs et contingents. La notion d'humanité, base juridique du droit d'action, est infiniment variable ; la forme et l'étendue du droit d'intervention ne le sont pas moins.

Les notions d'humanité et d'inhumanité varient avec les races, les climats, les religions et les époques, avec la sensibilité physique et morale des individus. Peut-on trouver un critérium assez général pour ramener à une commune mesure la conception de l'Européen, qui considère la mort comme le pire des maux, et celle du Chinois ou du Japonais, qui n'y attache aucune importance ? Est-il une seule nation civilisée qui n'ait à se reprocher des actes d'arbitraire ou de barbarie ? Et, s'il faut comparer entre elles toutes les atrocités commises par les gouvernements, qui décidera de la plus ou moins grande inhumanité du massacre de la Saint-Barthélemy ou du pal chinois, des bûchers de l'Inquisition ou de l'extermination des Peaux Rouges, des hécatombes arméniennes ou des condamnations du tribunal révolutionnaire ?

Toute tentative pour organiser la protection internationale des droits de l'homme aboutira nécessairement à une appréciation des actes d'un gouvernement par un autre gouvernement, et cette appréciation sera arbitraire. Elle dépendra du degré de civilisation de l'état contrôleur qui se prendra volontiers comme modèle ; elle dépendra des mœurs et des institutions de l'État contrôlé, car il ne saurait être question de mesurer toutes les nations à la même toise, et tel acte qui paraîtrait en France une atrocité peut être chez d'autres peuples chose tout à fait normale. Elle dépendra également de l'époque à laquelle se passe l'événement, car le progrès de la civilisation sur la barbarie est un perpétuel devenir.

Pour tenter une définition de l'inhumanité, les bases solides font défaut en l'état actuel du droit des gens. Les précédents internationaux sont en petit nombre et peu probants. Et la doctrine se borne à formuler quelques hypothèses vagues, trop souvent invraisemblables. Elle évoque le souvenir des tyrans de l'Antiquité grecque : Busiris, Phalaris, Diomède de Thrace (1) ; elle suppose la présence au milieu de l'Europe d'un petit potentat brûlant et torturant ses sujets de telle sorte « que la fumée des cadavres monterait au cerveau des voisins » (2) ; ou elle se pose la question de savoir si un pays ayant le monopole de production du quinquina pourrait être contraint d'en céder aux autres nations pour éviter que le monde ne périsse de la fièvre (3).

La légitimité d'une intervention ne s'apprécie pas seulement d'après la nature de l'acte qui l'a fait naître, mais aussi d'après son étendue et ses conséquences. Or le caractère du droit d'intervention est aussi variable que l'idée d'humanité. Une nation peut s'ingérer de cent façons dans l'administration d'une nation voisine. Depuis la simple protestation de l'opinion publique jusqu'à l'intervention armée, en passant par les campagnes de presse, les discussions au sein des Parlements, les avis diplomatiques officieux, les conversations et Notes officielles, les menaces de « mesures peu amicales » et les médiations imposées, toute la gamme des moyens d'action internationale, déguisés ou manifestes, se trouve à la disposition des gouvernements qui en usent selon les circonstances avec plus ou moins de doigté, en engageant plus ou moins fortement leur responsabilité. Dans maintes circonstances où la « manière forte » apparaîtrait comme une violation du droit et une faute politique, la

(1) Grotius, *op. cit.*, liv. II, chap. 25, § 8, n° 2.
(2) Arntz, *op. et loc. cit.*
(3) Arntz, *ibid.*

persuasion douce  est reconnue légitime et permet d'aboutir sans provoquer d'incidents.

Sans doute les jurisconsultes ont coutume de distinguer entre l'*intervention*, diplomatique ou armée, acte par lequel un État impose sa volonté à un autre, les *bons offices* et la *médiation*, spontanément offerts et librement acceptés à l'occasion d'un conflit ou d'une difficulté intérieure,
et enfin les simples *manifestations d'opinion* qui n'engagent pas en
principe la responsabilité du gouvernement, à moins qu'elles ne présentent un caractère injurieux pour un Souverain étranger. Mais cette classification ne saurait avoir une rigueur absolue. Si l'on décide que la
contrainte est le critérium de l'intervention, il faut pouvoir définir la
contrainte, dire où elle commence et en quoi elle consiste, ce qui est
une pure question de fait. A côté de la contrainte apparente des soldats
ou des diplomates existe une contrainte morale, souvent aussi énergique
que la première mais qui échappe à l'analyse du juriste. Cette notion de
contrainte permet-elle tout au moins de différencier nettement l'intervention de la médiation ? On peut en douter car l'histoire offre l'exemple de
plusieurs médiations « imposées » qui ne diffèrent en rien d'une intervention : telles les médiations de l'Europe de 1826 et de 1856, entre la
Turquie et la Grèce, ou celle  par laquelle la Russie, la France et l'Alle-
magne empêchèrent en 1895 le Japon de tirer toutes les conséquences
qu'il eût souhaitées de sa victoire sur la Chine. La  discussion publique
des actes d'un gouvernement étranger au sein d'un Parlement peut avoir
au moins autant de poids que les conseils donnés à ce même gouvernement par la voie diplomatique. Il n'est pas jusqu'aux  campagnes de
presse et aux manifestations d'opinion, qui, bien qu'elles soient le plus
souvent spontanées, peuvent parfois constituer une action gouvernementale officieuse.

En fait, les interventions d'humanité à formes brutales sont rares. On
ne peut guère citer que celle de 1826 dans les affaires de Grèce, qui prit
une tournure violente par suite de l'incident fortuit de Navarin, et l'expédition française en Syrie dont la nécessité résultait de la nature même
des abus à réprimer : on arrête malaisément des massacres par de simples conversations de Cabinet à Cabinet, les troubles de Crète et d'Arménie l'ont prouvé. Nous ne parlons ici ni de la guerre russo-turque de
1877, ni de la guerre hispano-américaine de 1898, dans lesquelles le
motif d'humanité ne paraît pas avoir été prépondérant.

Plus nombreuses sont les interventions réalisées par simple contrainte
diplomatique. Les unes paraissent avoir été médiocrement efficaces (interventions dans les affaires de Crète et d'Arménie), les autres totalement
couronnées d'insuccès (telles  les interventions de la France et  de l'An-

gleterre dans les arrestations des Deux-Siciles, de la Roumanie en faveur des Koutzo-Valaques ou de la France au sujet des supplices marocains).

Enfin, les gouvernements recourent volontiers aux moyens détournés en ces délicates matières. Pour prendre la défense des Juifs de Roumanie en 1902, le gouvernement américain adressa simplement une Note aux puissances signataires du traité de Berlin, en les priant d'agir à Bucarest pour demander l'application de l'article 44 dudit traité (1). A l'occasion des massacres de Kitchineff en 1903, il se contenta de faire connaître à Saint-Pétersbourg son intention de transmettre au gouvernement russe une pétition formée par les Israélites russes domiciliés aux États-Unis, pétition que le gouvernement impérial refusa d'ailleurs de recevoir. Tout État qui croit avoir une idée juste à défendre peut évidemment recourir à ces procédés indirects qui rentrent plutôt dans la catégorie des conseils amicaux, suggestions ou bons offices que dans celle des interventions *stricto sensu*. Mais si la question de légitimité ne peut se poser que pour l'intervention diplomatique ou armée, il n'en reste pas moins vrai que la limite entre ces procédés de contrainte et les suggestions amicales reste extrêmement délicate à tracer.

Il serait donc prématuré et sans doute illusoire, en l'état actuel de la science, de vouloir préciser limitativement quels actes inhumains peuvent légitimer un contrôle étranger. L'incertitude de la notion d'inhumanité et l'étendue variable du contrôle international fondé sur elle rendraient arbitraire un semblable essai de réglementation qui ne peut être que l'œuvre de l'avenir. Aussi croyons-nous devoir nous borner ici à dégager quelques idées générales qui dominent la question.

Trois principes paraissent conditionner toutes les applications possibles de la théorie d'intervention d'humanité. Pour qu'une intervention d'humanité soit légitime, il faut : 1° que le fait qui la motive soit un fait de la puissance publique, et non le fait de particuliers ; 2° que ce fait constitue une violation du droit humain, et non une simple violation du droit national positif ; 3° que l'intervention réunisse certaines conditions d'opportunité.

1° *Le fait justificatif de l'intervention doit être un fait de la puissance publique et non le fait de simples particuliers.* — Cette première condition nous permet de restreindre déjà la portée du problème en écartant toute une catégorie d'actes inhumains qui ne sauraient justifier une action internationale. Puisque cette action tend en définitive à exiger du

(1) Ce texte met comme condition à la reconnaissance de la Roumanie le respect de la liberté religieuse et l'égalité des citoyens roumains appartenant à des confessions diffé·rentes.

gouvernement contrôlé soit une action, soit une abstention, elle ne saurait évidemment s'appliquer à des événements indépendants de la volonté de ce gouvernement, événements qu'il ne saurait provoquer ni empêcher et qui constituent pour lui un cas de force majeure. Un gouvernement peut avoir à répondre de ses fautes, mais non du fait de ses ressortissants. Précisons cette idée par des exemples.

La faute d'un gouvernement peut consister soit en un acte positif, soit en une abstention. Dans le premier cas, les mesures tyranniques sont accomplies ou ordonnées par les organes mêmes de l'État, dépositaires du pouvoir souverain, ou par les agents du service public. Tels étaient les arrestations arbitraires du Royaume des Deux-Siciles, les règlements de proscription frappant les Israélites roumains, la répression cruelle de l'insurrection grecque de 1826, les supplices ordonnés par le Sultan du Maroc contre ses adversaires politiques. Dans le second cas, les excès proviennent de simples particuliers, mais ils sont tolérés par le gouvernement alors qu'il avait le devoir et la possibilité de les empêcher. Le gouvernement ottoman s'est fréquemment rendu coupable de cette négligence ressemblant à une complicité. Les massacres de Crète, de Syrie et d'Arménie n'étaient sans doute point organisés systématiquement comme le fut la nuit de la Saint-Barthélemy, mais le Divan les approuvait secrètement et ne fit rien pour y mettre un terme. Lorsque les Druses égorgeaient les Maronites, les soldats et fonctionnaires turcs assistaient impassibles au massacre. Aux consuls qui protestaient contre ces actes de sauvagerie, le gouverneur Kourchid Pacha répondait que les Druses étaient en état de légitime défense et rejetait la responsabilité des troubles sur le Comité chrétien et l'évêque de Beyrouth qui, prétendait-il, prêchaient la haine des Musulmans. La Porte fit une réponse identique aux ambassadeurs qui étaient intervenus près d'elle au nom de leur gouvernement (1). Le gouvernement chinois commit une semblable faute négative en tolérant sur son territoire les excès sanglants des « Boxers » dont il approuvait les sentiments xénophobes.

On a cité quelquefois comme exemple d'abstention coupable d'un gouvernement l'attitude du Roi de Serbie Pierre Ier à l'égard des officiers serbes qui avaient assassiné son prédécesseur le Roi Alexandre ainsi que la Reine Draga au mois de juin 1903. A la suite de ce crime, les puissances d'Europe avaient invité le nouveau chef d'État à livrer les assassins aux tribunaux ; mais, contrairement à ces avis, les officiers régicides furent amnistiés et continuèrent à jouir des faveurs gouvernementales. Une aussi scandaleuse impunité provoqua dans la presse d'Europe

(1) Cahuet, *La question d'Orient*, p. 208.

de vifs reproches à l'égard des diplomates accusés de faire trop bon marché de la vie humaine ; dès le lendemain du crime, l'opinion demandait une action des puissances pour obtenir le châtiment des assassins. Pour des raisons d'opportunité, l'intervention ne fut même pas proposée, et le scandale demeura impuni (1). Dans cet exemple, le nouveau gouvernement de Belgrade ne pouvait être considéré comme responsable du régicide qui constituait un fait personnel des officiers assassins. Il eût été injuste autant qu'impolitique de la part des autres puissances de lui refuser de ce fait la reconnaissance internationale. Pouvait-on intervenir tout au moins auprès de lui pour le contraindre à châtier les coupables ? Il était sans doute responsable de l'impunité accordée aux assassins, mais le pouvoir exécutif est toujours libre de mettre en mouvement ou non l'action publique et il possède le droit de grâce. Cette impunité était un excès d'humanité plutôt qu'un acte d'inhumanité. Il semble donc que les partisans de l'intervention aient été victimes d'une erreur d'optique assez singulière en souhaitant de voir dans cette affaire les puissances invoquer le respect dû à la vie humaine pour exiger une intervention du bourreau.

Aux agissements et aux omissions coupables des dépositaires de la puissance publique, qui constituent une faute du gouvernement, il convient d'opposer les faits individuels, accomplis par de simples particuliers contre la volonté du Souverain, sans qu'il ait été matériellement possible à celui-ci de les empêcher. Ces actes, même inhumains, ne sauraient être une cause d'intervention.

Dans un grand nombre d'États de l'Union américaine subsiste, sous le nom de loi de Lynch, une forme barbare de justice populaire, consistant en l'exécution sommaire d'un criminel par les témoins du crime flagrant. Particulièrement appliquée aux nègres, par haine de races, la loi de Lynch donne lieu à des scènes révoltantes. On voit de malheureux noirs exécutés sommairement, en dehors de tout crime flagrant, sur un simple soupçon ou sur une dénonciation. Certains sont brûlés vifs ou suppliciés avec des raffinements de cruauté. Souvent la foule furieuse fait l'assaut des prisons gouvernementales, alors que le coupable est entre les mains des autorités judiciaires régulières, enfonce les portes ou massacre les gardiens pour se livrer à ses représailles sanglantes. Ces scènes barbares ne sont pas encouragées ni même tolérées par les autorités des États américains, qui s'efforcent par tous les moyens de soustraire les criminels aux justiciers populaires pour les déférer aux tribunaux de droit commun ; des agents de police tombent fréquemment

(1) V. Basdevant, *Chronique*, dans la *Revue gén. de droit international public*, t. XI (1904), p. 105 et suiv.

victimes de leur dévouement dans ces bagarres. Les lynchages sont le fait personnel de simples particuliers et n'engagent en rien la responsabilité des États sur le territoire desquels ils se produisent, ni celle du gouvernement de l'Union.

Les désordres antisémitiques de Kitchineff, reprochés au gouvernement russe par les États-Unis, constituaient également un fait personnel des habitants de la ville et non pas une faute gouvernementale. Le ministre de l'intérieur russe avait pris les mesures les plus énergiques pour le rétablissement de l'ordre dès la première nouvelle des troubles, et les auteurs d'attentats contre les personnes ou les propriétés furent livrés aux tribunaux (1).

*2° Le fait justificatif de l'intervention doit consister en une violation du droit humain et non en une simple violation du droit positif national.* — La règle générale de droit au nom de laquelle les États tiers peuvent exercer un contrôle sur des actes de puissance publique interne, c'est le *droit humain,* expression de la solidarité humaine, dont le domaine d'application est universel et qui domine et pénètre nécessairement toutes les législations particulières. Mais ce caractère d'universalité des *droits de l'homme* n'appartient ni aux *droits civils* ni aux *droits politiques* qui sont concédés aux individus par le Souverain et déterminés pour chaque nation par son législateur particulier. Les puissances ne sauraient intervenir auprès d'un gouvernement pour obtenir la reconnaissance ou le respect de droits civils et politiques en faveur des citoyens, tels qu'une capacité électorale ou une nationalité déterminée, une certaine organisation de la propriété ou de l'impôt.

A ce point de vue on peut considérer comme tout à fait injustifiée l'intervention de la Roumanie auprès des gouvernements grec et turc en 1905 pour exiger que le gouvernement turc reconnaisse la nationalité roumaine aux populations koutzo-valaques qui sont des sujets ottomans.

Dans sa Note de 1902 concernant la situation israélite en Roumanie, le gouvernement américain invoquait également à tort « les incapacités politiques des Juifs en Roumanie, leur exclusion des emplois publics et des professions libérales, la limitation de leurs droits civils et l'imposition sur eux de taxes extraordinaires », pour justifier une intervention en leur faveur. Il n'y avait point dans ces griefs de violation du droit humain (2).

---

(1) V. Rey, *Chronique,* dans la *Revue gén. de droit international public,* t. X (1903), p. 88.

(2) Aussi le Cabinet de Washington s'appuyait-il très habilement, non sur la théorie de l'intervention d'humanité, mais sur l'article 44 du traité de Berlin, stipulant la liberté

Convient-il de pousser plus loin encore l'analyse et de distinguer entre les *droits de l'homme* et les *droits du citoyen*, les premiers seuls étant susceptibles de servir de base à une intervention d'humanité ? Les déclarations placées en tête de nos Constitutions révolutionnaires rangent les deux sous une même rubrique « Déclaration des droits de l'homme et du citoyen »(1), et il semble bien que cela soit la confusion de deux idées distinctes. « Quel est le sens et la portée de ce titre, se demande M. Duguit (2) ? Les droits de l'homme sont apparemment les droits qui lui appartiennent en tant qu'homme avant même qu'il fasse partie d'une société politique et qui continueraient à lui appartenir s'il cessait de faire partie de cette société politique. Les droits du citoyen, au contraire, sont les droits qui appartiennent à l'individu en tant qu'il fait partie d'une société politique, qui cesseraient de lui appartenir s'il cessait de faire partie d'une société politique. Mais on peut se demander comment les droits du citoyen figurent dans une Déclaration qui a pour but de limiter les pouvoirs du législateur. En effet, puisque l'individu ne possède les droits du citoyen qu'en tant qu'il fait partie d'une société politique, il semble bien que ces droits sont une concession de la société politique et que celle-ci, par son législateur, les ayant concédés, peut à son gré les retirer ou les restreindre. Telle n'était point la conception de 1789. On considérait que les droits du citoyen n'étaient pas en réalité des droits différents des droits de l'homme, mais les droits naturels eux-mêmes en tant qu'ils étaient reconnus et garantis par la société politique ».

Le seul critérium auquel nous devions nous référer pour résoudre cette difficulté est toujours le critérium de la solidarité humaine. Cette solidarité humaine, la plus large de toutes, exige la protection de la personnalité humaine physique, morale et sociale, mais elle n'exige pas que l'individu puisse exercer dans sa société particulière certaines activités déterminées ni jouir de certains avantages sociaux ; la détermination de ces avantages relève des règles de la solidarité nationale. Il conviendrait donc bien de distinguer les droits de l'homme de ceux du citoyen. Le contrôle international pourrait être mis en mouvement pour protéger la liberté matérielle d'un individu, droit humain, mais non pour lui assurer la liberté d'association qui est évidemment un droit inhérent à la vie politique, un droit du citoyen. De même, l'égalité apparaîtrait comme une

religieuse en Roumanie, traité qu'il considérait comme une sorte de loi internationale pouvant être invoquée même par les États non signataires. Il joignait d'ailleurs à cette énumération un autre grief plus admissible : la violation du droit de propriété.

(1) Le projet de Constitution girondine (16 février 1793) emploie cependant l'intitulé « droits naturels, civils et politiques », mais sans faire de distinction dans l'énumération de ces droits.

(2) *Manuel de droit constitutionnel*, 1907, p. 483.

4

concession du législateur et non comme une prérogative inhérente à la qualité d'homme. Certaines sociétés politiques sont fondées sur l'inégalité devant la loi (régime des castes ou des classes). Leurs institutions ne blessent pas les droits de l'humanité, aussi longtemps que l'inégalité ne dégénère pas en oppression et n'aboutit pas à méconnaître le droit de certains individus à la vie ou à la liberté. Les droits de l'homme seraient les droits antérieurs et supérieurs à toute organisation politique, placés sous la garantie de toutes les nations, s'imposant à chaque législateur particulier. Ils se résumeraient en deux idées essentielles : droit à la vie et droit à la liberté. Le législateur serait tenu de les garantir en ce sens que l'individu ne saurait être frappé dans sa vie et sa liberté que conformément à la loi, et cette garantie elle-même pourrait être considérée comme un troisième droit humain, le droit à la légalité. Seule la violation de ces droits essentiels serait une juste cause d'intervention. Examinons rapidement quelques applications de cette idée.

*a) Droit à la vie.* — Tout homme a droit au respect de sa vie, de son intégrité physique et à la libre disposition de son individu. Aucun partisan de l'absolutisme gouvernemental ne s'est encore trouvé pour affirmer que le droit des citoyens à conserver leur vie était une concession du législateur. Il ne suffit même point que les gouvernants respectent la vie de l'individu ; ils la doivent encore protéger. Cette protection est une des fonctions primordiales qui s'imposent à toutes les sociétés politiques et dont le mauvais accomplissement peut justifier une intervention étrangère. L'application de cette idée la plus universellement admise en doctrine vise le cas où le Souverain fait massacrer ou laisse massacrer ses sujets, comme cela s'est vu trop souvent en Turquie et dans plusieurs États barbares (interventions de l'Europe dans les affaires de Grèce, de Syrie, de Crète, d'Arménie, de Macédoine, en Chine, au Maroc, etc...). Pour la même raison un État qui admettrait, dans le cours d'une guerre, le massacre des prisonniers et l'achèvement des blessés mériterait d'être traité en ennemi du genre humain.

Convient-il d'aller plus loin dans cet ordre d'idées, en reconnaissant aux grandes puissances le droit et le devoir de s'immiscer dans certaines guerres, soit pour empêcher qu'elles ne prennent un caractère atroce, soit pour mettre fin à d'interminables hostilités ? La plupart des auteurs admettent qu'une tentative de médiation est légitime et louable en de telles circonstances, et les deux Conférences de la Paix ont insisté sur l'utilité de la médiation pour prévenir ou abréger les guerres. Or, il existe des médiations imposées assimilables aux interventions : notamment celles de 1826 et 1856 entre la Turquie et la Grèce qui étaient inspirées par un motif d'humanité. Difficile à appliquer entre grandes puissances, cette pratique de la médiation serait susceptible de rendre des services au droit des gens dans les conflits entre États secondaires. Il serait à souhaiter dans le même ordre d'idées que le contrôle des grandes puissances puisse s'appliquer à certaines expéditions coloniales pour éviter l'anéantissement d'une race indigène, comme celui qu'accomplirent progressivement les Espagnols et les Américains des habitants autochtones des deux Amériques.

La protection de la santé publique paraît relever également du droit humain. Nous ne voulons pas parler ici de l'hypothèse un peu fantaisiste de M. Arntz concernant les pays producteurs de quinquina. Mais, s'il était avéré que le gouvernement d'une nation contaminée par le choléra, la fièvre jaune ou la peste se refuse à prendre aucune espèce de mesure sanitaire pour enrayer le mal et faire disparaître le foyer épidémique, les gouvernements étrangers ne seraient-ils pas fondés à intervenir pour prendre des mesures de prophylaxie sur le lieu même où sévit le fléau, plutôt que de se fier à la sécurité trompeuse des cordons sanitaires établis dans leurs propres ports ? Il semble qu'une telle intervention serait légitimée aussi bien par les intérêts généraux de l'humanité que par l'intérêt direct des puissances intervenantes. Déjà les autorités médicales ont signalé les dangers d'infection cholérique qui résulteraient pour l'Europe du pèlerinage de la Mecque et contre lesquels les autorités ottomanes ne prennent aucune précaution. On a noté parmi les heureuses influences de la domination américaine sur Cuba une diminution de la fièvre jaune dans l'île. Il ne serait pas impossible que cette cause d'intervention fût prise plus sérieusement en considération à l'avenir, étant donnés les progrès croissants de la science de l'hygiène.

*b) Droit à la liberté.* — La qualité d'être humain suppose la liberté physique et morale, la faculté d'agir et de penser pour soi et par soi. Mais cette double liberté de principe est susceptible dans la vie sociale d'un grand nombre d'applications politiques qui sont de la compétence exclusive du législateur national. Le droit humain prohibe l'esclavage, mais n'a rien à voir avec la liberté de la presse. C'est en matière de liberté qu'il importe le plus de séparer les droits de l'homme et ceux du citoyen.

La suppression complète de la liberté physique constitue l'esclavage, et depuis le Congrès de Vienne jusqu'à la Conférence de Bruxelles, les grandes puissances ont affirmé que le commerce des esclaves était contraire aux droits de l'humanité. Sans doute, a-t-on fait remarquer, c'est par le moyen d'accords internationaux et non d'interventions que les puissances ont réprimé le fléau de la traite. Mais ce précédent ne prouve en aucune façon que l'indépendance des États esclavagistes soit absolument respectable et que les atteintes à la liberté humaine ne puissent pas provoquer une légitime intervention. Et, d'abord, il convient de distinguer entre l'esclavage et la traite. L'esclavage familial comme le servage est une institution sociale qui n'a rien en soi d'inhumain, que tous les peuples de l'Antiquité ont connue, et qui est encore pour certains pays à civilisation arriérée un facteur essentiel de l'état social, une nécessité économique. Les États civilisés ne sauraient contraindre les barbares à copier toutes les institutions d'Europe. Quant à la traite, incompatible avec la dignité de la personne humaine, elle peut et doit faire l'objet d'une répression internationale ; mais la plus efficace répression d'un commerce consiste à fermer à l'État commerçant ses débouchés bien plus qu'à intervenir auprès de son gouvernement, et c'est précisément la tactique qu'ont suivie les puissances à la Conférence de Bruxelles.

La liberté morale, à la différence de la liberté physique, ne peut jamais être enlevée à l'individu, maître absolu de son for intérieur. Le gouvernement le plus tyrannique peut seulement interdire les manifestations extérieures de cette liberté, culte, discours, écrits, enseignement, ou créer des inégalités entre les citoyens à raison de leurs opinions, en frappant certains d'entre eux d'incapacités et de déchéances. De telles mesures peuvent être contraires aux droits du citoyen, notamment au droit d'égalité, mais on ne saurait y voir des atteintes au droit humain, aussi longtemps du moins qu'elles ne s'accompagnent pas de persécutions violentes et d'attentats contre la vie et la liberté des individus.

Beaucoup d'auteurs ont discuté la question de savoir si les violations de la liberté religieuse dans un État pouvaient être une juste cause d'intervention. Il faut distinguer. Si l'État intervenant agit pour assurer une égalité de traitement aux membres de différentes confessions, il s'immisce dans une question d'ordre national et politique qui ne touche pas plus au droit humain que celle de l'égalité devant l'impôt ou devant le service militaire. Le traité de Berlin, il est vrai, a imposé à la Porte le respect de la liberté religieuse ainsi entendue, mais c'était dans le but de prévenir les conflits sanglants et féroces qui marquent dans cet Empire la lutte des Musulmans et des Chrétiens. Si l'État intervenant agit pour soutenir des coréligionnaires, l'humanité n'est plus en jeu et c'est une autre théorie qui trouve son application : la théorie de l'intervention pour cause religieuse. Cette doctrine très importante avant que fût dégagé le principe de laïcité de l'État et qui ne s'applique plus guère aujourd'hui qu'aux protectorats religieux d'Orient ne rentre pas dans le cadre de notre étude.

L'aide fournie par un État à un peuple étranger pour conquérir son indépendance ou pour défendre ses libertés politiques sort également du cadre de l'intervention d'humanité, et se rattache à un ordre de considérations différent.

Un autre grief d'inhumanité encore a été invoqué par l'Europe et par les États-Unis lors de leurs différentes interventions en faveur des Israélites roumains : la violation du droit à la propriété (1). Le droit de propriété doit-il donc être considéré comme un droit de l'homme? Une raison de l'admettre serait que la Déclaration des droits de l'homme et du citoyen range la propriété à côté de la liberté, de la sûreté et de la résistance à l'oppression. Une autre raison serait que le droit de propriété est présenté par une certaine école économique comme une conséquence de la liberté. Cette conséquence serait même indépendante de l'existence d'une société ; car, dès l'instant que l'homme a la libre disposition de son activité, il s'approprie le produit de sa chasse ou de son travail. Ainsi donc les violations du droit de propriété pourraient justifier une intervention d'humanité.

Cette question ne saurait être discutée ici : nous nous bornerons à faire une remarque concernant les Israélites roumains. Il semble démontré que la Déclaration de 1789 n'a pas eu pour but de trancher le problème de la légitimité de la propriété, ni d'affirmer que tout individu a droit à la propriété (ce qui serait du pur Babouvisme), mais simplement de proclamer la garantie sociale des propriétés existantes

(1) Voici un fragment de la Note américaine adressée au mois de septembre 1902 à tous les ambassadeurs de l'Union auprès des gouvernements signataires du traité de Berlin à l'effet d'obtenir une intervention de ces gouvernements auprès de la Roumanie en faveur des Israélites :

« Partant de ce principe arbitraire et discutable que les Juifs de Roumanie, domiciliés dans ce pays depuis des siècles, sont des « étrangers non soumis à la protection étrangère », le gouvernement roumain a, jusqu'à ce jour, restreint par degré la faculté pour les Juifs de subvenir à leurs besoins, même par les petits moyens d'existence qui suffisent à une race sobre, jusqu'à ce qu'on leur ait retiré presque tous les moyens de gagner leur vie... Les incapacités politiques des Israélites en Roumanie, leur exclusion des emplois publics et des professions libérales, la limitation de leurs droits civils et l'imposition sur eux de taxes extraordinaires constituent des injustices blessant la conscience des peuples civilisés modernes ; mais toutes ces mesures ne sont pas aussi directement visées pour le but que je me propose que les actes publics qui atteignent le droit inhérent à l'homme de gagner son pain au moyen de l'agriculture et du commerce. Les Israélites sont privés du droit de posséder la terre et même de la cultiver comme des ouvriers ordinaires... Intentionnellement ou non celui-ci (le gouvernement roumain) a réduit à s'adresser à la charité des États-Unis cette race misérable opprimée et méprisée dans son pays d'origine. Il est impossible que notre gouvernement participe à une telle injustice internationale. Nous sommes obligés de protester contre le traitement auquel les Israélites sont soumis en Roumanie, non seulement à raison du préjudice causé à notre pays par les conséquences de cette situation... mais encore au nom de l'humanité ». V. dans la *Revue gén. de droit international public*, t. X (1903), p. 495, note 1).

à l'époque de sa rédaction (1). La portée de l'article 2 est clairement précisée par l'article 17. « La propriété étant un droit inviolable et sacré, nul ne peut en être privé si ce n'est lorsque la nécessité publique légalement constatée l'exige évidemment et sous la condition d'une juste et préalable indemnité ».

Ainsi donc, même en rangeant, avec les Constituants de 1789, la propriété parmi les droits de l'homme, il faudrait encore conclure que seule la dépossession des propriétaires en dehors d'une nécessité publique et sans indemnité pourrait justifier une intervention d'humanité. Or telle n'était pas la situation des Israélites roumains qui étaient simplement empêchés d'acquérir une forme déterminée de propriété, la propriété foncière, c'est-à-dire frappés d'une incapacité d'ordre purement civil.

*c) Droit à la légalité.* — L'hypothèse d'une intervention fondée sur une violation de la légalité parait soulever les difficultés les plus grandes. Ce que nous avons appelé le droit à la légalité, c'est le droit pour tout individu d'être protégé dans son activité par un certain ordre légal, d'échapper au pur arbitraire de ses gouvernants, et de n'être frappé dans sa vie et dans ses biens que conformément à la loi, par une autorité juridictionnelle régulière suivant des formes établies. On peut le considérer comme un droit de l'homme, parce que l'homme est un être social ne pouvant vivre isolément, et que l'existence d'une société quelconque suppose l'établissement d'un ordre légal. Aussi bien les sauvages absolus vivent-ils seuls en dehors de toute légalité. Le droit humain veut que tout groupement d'hommes soit régi par une règle de droit. Quant au choix et à la détermination de cette règle, c'est l'affaire de chaque société particulière.

Toute nation est exclusivement compétente pour établir ses lois et organiser ses services administratifs ou judiciaires. Si donc l'individu a un droit théorique à la légalité, l'établissement de cette légalité est une question d'ordre national. Le droit de l'homme se confond ici avec le droit du citoyen. Le droit à la légalité n'est pas distinct du droit à la vie et du droit à la liberté : c'est le droit à ce que la vie et la liberté humaines soient socialement garanties. Ainsi l'État intervenant au nom du principe de légalité sera inévitablement amené à apprécier la valeur des institutions sociales de l'État contrôlé, à vérifier la régularité du fonctionnement de ses services publics, et cette immixtion dans des matières qui ne relèvent plus du droit humain, mais du droit national, paraît devoir se heurter à une fin de non-recevoir absolue.

Il est également délicat d'admettre ou de nier le droit d'intervention

---

(1) V. Duguit, *Manuel de droit constitutionnel*, p. 636.

des États tiers pour faire respecter la légalité par un gouvernement. Le nier, c'est permettre les violations les plus évidentes des droits de l'homme. L'admettre, c'est autoriser le contrôle par un État de toutes les institutions nationales d'un autre État.

L'intervention au nom du principe de légalité peut être conçue comme possible dans deux cas : ou bien lorsque les institutions légales d'un État apparaissent inhumaines, ou bien lorsqu'un État viole les formes légales qu'il a édictées lui-même pour garantir les droits des citoyens.

La première hypothèse a donné lieu à une discussion intéressante entre les représentants des puissances et le Sultan du Maroc. Les puissances enjoignaient à ce dernier d'avoir à abolir dans son Empire l'usage des mutilations et des supplices. Le Sultan répondait que ces pénalités étaient légales puisqu'elles étaient édictées par la loi coranique dont les gouvernements d'Europe n'avaient pas qualité pour discuter les prescriptions. Il ajoutait qu'au surplus les puissances ne sauraient rien lui reprocher s'il remplaçait les mutilations par des exécutions capitales, mais qu'il ne voyait pas dans ce changement un progrès de l'humanité (1). La question qui se posait était de savoir si une nation est maîtresse de son système de répression pénale, ou si elle peut être contrainte, au nom de l'humanité, d'effacer de ses codes certaines peines trop barbares. Cela pourrait s'appliquer aux châtiments corporels encore en usage dans certains États d'Europe, ou à la peine de mort, le jour où la majorité des États l'auront rayée de leurs lois, ou d'une manière générale à toute espèce de pénalité.

L'affaire des arrestations politiques des Deux-Siciles est généralement citée comme exemple du second type de violation de la légalité. Les arrestations étaient, paraît-il, arbitraires et les condamnations écrites d'avance. Un exemple plus probant encore serait celui des condamnations prononcées en France par le tribunal révolutionnaire surtout après la loi du 22 prairial an II qui abolit toutes les formes juridictionnelles légales, ainsi que les exécutions en masse auxquelles le Comité de salut public fit procéder dans les départements et qui ressemblent singulièrement à des massacres (2). Quant aux exemples de jugements illégaux ou iniques tirés de l'histoire des tribunaux d'exception dans chaque pays, ils seraient malheureusement innombrables. Les sentences des tribunaux réguliers ne sont même pas toujours à l'abri des critiques ; des

---

(1) V. Rougier, *Chronique*, dans la *Revue gén. de droit international public*, t. XVII (1910), p. 98.

(2) Ducoudray (*Histoire contemporaine*, 1898, p. 159) cite d'après Réal (*Rapport dans les Mémoires sur les prisons*) comme exemple d'illégalité flagrante une séance du tribunal révolutionnaire dans laquelle il y eut vingt-sept condamnés, alors que l'acte d'accusation dressé par Fouquier-Tinville mentionnait seulement vingt-deux accusés, dont l'un fut d'ailleurs acquitté. Six personnes furent donc exécutées sans procès ni débats.

manifestations populaires contre l'Espagne survenues dans différents pays à la suite d'un jugement rendu par un Conseil de guerre de Barcelone ont récemment encore appelé l'attention sur cette question (1).

Devant le spectacle d'un jugement entaché d'un vice de forme, les États tiers ne sauraient intervenir pour exiger que le procès soit révisé et que les formes légales en usage dans le pays considéré soient rigoureusement suivies ; la garantie de ces formes légales est une pure question de droit public interne : elle n'intéresse en rien la Société des nations. La faculté de protester n'apparaît pour les États tiers que si le jugement est un pur simulacre de justice, si l'atteinte portée à la liberté des individus est complètement arbitraire et en dehors de toute légalité. Mais comment pourraient-ils l'apprécier sans entrer dans l'examen des institutions de l'État contrôlé ? Indépendamment des raisons de prudence qui, en pareil cas, dicteront aux grandes puissances l'abstention, il semble que par sa nature même le droit à la légalité doive rester un droit purement théorique. Les intervenants se trouveront toujours en face d'une pure question de fait : les institutions et le fonctionnement des services publics d'un État donné constituent-ils oui ou non une garantie pour la vie et la liberté humaine ? Cette garantie apparaîtra suffisante dans le jugement d'un tribunal européen même entaché d'un vice de procédure ; elle apparaîtra illusoire dans les décisions d'un Sultan du Maroc, faisant jeter ses ennemis aux lions sous prétexte de rendre la justice au nom de la loi coranique. Mais, entre ces deux exemples extrêmes, nombreux sont les degrés intermédiaires qu'aucun critérium ne permet d'apprécier avec certitude. Tout dépend de la valeur plus ou moins grande des institutions politiques de l'État envisagé, et la réponse à la question posée se résume définitivement dans cette idée que l'intervention doit être opportune. C'est la troisième grande condition que nous avons indiquée et qu'il nous reste à examiner.

3° *L'intervention doit réunir certaines conditions d'opportunité.* — Les puissances qui pratiquent l'intervention d'humanité ont en vue d'assurer le respect des droits de l'homme. C'est donc le caractère intrinsèque d'inhumanité d'un acte qui doit motiver leur action, et non les circonstances extrinsèques qui accompagnent cet acte. Mais ces puissances ont tout ensemble à dégager la règle de droit, à en constater la violation, à en décider le rétablissement ; elles apprécient le fait et le droit. Les questions d'opportunité joueront donc un rôle nécessairement très grand dans leurs décisions, et il y a des questions d'opportunité relatives à l'État contrôlé aussi bien qu'aux États intervenants.

(1) V. *Revue gén. de droit international public*, t. XVI (1909), p. 675.

En ce qui concerne l'État contrôlé, un premier élément d'appréciation consiste dans ce que l'on pourrait appeler l'étendue du scandale. Un mécanisme de contrôle aussi compliqué et difficile à faire fonctionner qu'une intervention collective ne pourra servir que dans des cas exceptionnellement graves, soit que la vie d'une population entière se trouve menacée, soit que les actes barbares se répètent habituellement, soit que leur caractère particulièrement horrible choque plus violemment la conscience universelle. Le concert des grandes puissances ne peut pas s'inquiéter des violations de l'humanité qui n'atteignent pas une certaine amplitude, ni prétendre au rôle de redresseur universel des torts. Ce ne sont pas les dénis de justice individuels qui provoqueront ordinairement son action, mais les troubles exceptionnellement graves qui bouleversent la vie d'une nation.

Un appel pressant adressé par les victimes aux grandes puissances pour leur demander aide et protection pourra décider de leur action. Il en fut ainsi pour l'intervention qui devait aboutir à la bataille de Navarin. Depuis, les populations chrétiennes de la Turquie ont fait appel fréquemment à la justice des puissances d'Europe sans obtenir malheureusement le même succès.

Un autre élément d'appréciation tient à la constitution même de l'État coupable. Les puissances hésiteront d'autant plus à intervenir que ce dernier possède une organisation politique plus parfaite garantissant plus efficacement les libertés des citoyens contre l'arbitraire gouvernemental. Aussi bien, dans un État semblable, les violations d'humanité seront rares et exceptionnelles, liées à quelque convulsion politique profonde, et disparaîtront d'elles-mêmes sans qu'il soit besoin d'une action internationale ; celle-ci aurait plus de chances d'aggraver le mal que de le guérir. On ne saurait restreindre *à priori*, comme le fait M.F.de Martens (1), le domaine d'application du contrôle d'humanité aux seuls États barbares ; mais, en fait, il ne fonctionnera guère que dans cette sphère, parce qu'il apparaît comme destiné à suppléer aux insuffisances du contrôle national des actes du gouvernement. Les puissances n'auront à défendre que les nations trop faibles pour se défendre elles-mêmes. Les droits humains restent sans doute toujours sous la protection de tous les hommes ; mais, le jour où une nation est assez développée pour en assurer elle-même le respect sur son territoire, elle est naturellement investie d'une plus grande compétence à cet égard que toute autre nation.

Au point de vue des États intervenants, les considérations d'opportu-

(1) *Op. cit.*, § 76.

nité ne jouent pas un rôle moins considérable. Il ne faut pas perdre de vue combien l'action des grandes puissances est délicate à engager et malaisée à diriger. L'accord du concert européen se trouve subordonné à la réunion de certaines conditions favorables touchant l'équilibre politique, les rivalités économiques, les intérêts financiers. Sa réunion provoque des conséquences souvent difficiles à prévoir et qui ne sont pas celles que les intervenants auraient voulues. Ainsi la bataille de Navarin transforma étrangement le caractère d'une intervention pacifique. Inopportune, l'intervention peut facilement devenir dangereuse. Or les intérêts mêmes de la paix et de l'humanité font aux puissances un devoir de rechercher avant d'agir si leur action sera nuisible ou utile et d'abandonner le rôle de redresseur de torts si la répression d'une iniquité risque de déchaîner des maux nouveaux sur des têtes innocentes. L'intervention est une arme pesante à manier ; il ne faut pas que certains esprits irrévérencieux puissent la comparer au pavé de l'ours du fabuliste.

*<br>* *

La conclusion qui se dégage de cette étude, c'est qu'il est pratiquement impossible de séparer les mobiles humains d'intervention des mobiles politiques et d'assurer le désintéressement absolu des États intervenants. Nous ne dirons pas, comme Phillimore (1), que le respect du droit humain ne sera jamais qu'un motif *accessoire* d'intervention ; l'histoire a démontré pour l'honneur de l'humanité qu'il pouvait être un motif *principal*, comme il le fut lors de l'intervention française en Syrie. Mais ce ne sera jamais un motif *unique*. Dès l'instant que les puissances intervenantes sont juges de l'opportunité de leur action, elles estimeront cette opportunité au point de vue subjectif de leurs intérêts du moment. Entre plusieurs actes inhumains dont elles se trouvent spectatrices, elles réprimeront de préférence celui qui par quelque endroit leur est préjudiciable. Si l'Europe a mis la Turquie en tutelle, c'est moins dans l'intérêt des sujets ottomans que pour parer aux conflits d'intérêts de l'Angleterre, de l'Autriche, de la France et de la Russie autour de la mer Noire. La France n'a éprouvé le besoin de faire respecter l'humanité par les Sultans marocains à l'endroit de leurs sujets que du jour où elle eut dans ce pays un intérêt politique et économique. Les États-Unis ont protesté contre la situation des Israélites roumains « non seulement au nom de l'humanité mais à raison du préjudice causé par cette situation à leur pays » Il se commet tous les jours dans quelque coin du monde mille

<hr>

(1) *Commentaries upon international law*, t. I, p. 441.

barbaries qu'aucun État ne songe à faire cesser parce qu'aucun État n'a intérêt à les faire cesser.

Toutes les fois qu'une puissance interviendra au nom de l'humanité dans la sphère de compétence d'une autre puissance, elle ne fera jamais qu'opposer sa conception du juste et du bien social à la conception de cette dernière, en la sanctionnant au besoin par la force. Son action tendra en définitive à englober un État dans sa sphère d'influence morale et sociale en attendant de l'englober dans sa sphère d'influence politique. Elle le *contrôlera* pour se préparer à le dominer. Ainsi, l'intervention d'humanité apparaît comme un moyen juridique ingénieux d'entamer peu à peu l'indépendance d'un État pour l'incliner progressivement vers la mi-souveraineté ; c'est à ce titre qu'il nous a paru intéressant de l'étudier.

Imp. J. Thevenot, Saint Dizier (Hte-Marne).

Texte détérioré — reliure défectueuse
NF Z 43-120-11

www.ingramcontent.com/pod-product-compliance
Ingram Content Group UK Ltd.
Pitfield, Milton Keynes, MK11 3LW, UK
UKHW020938120726
13693UKWH00003B/1398